Cambodia

微笑盛開
的國度　Smiley Nation

云◎著

我的東埔寨印象裡，最深刻的不是那些精美絕倫震古鑠今的神廟，
歷經戰火摧殘下悲慘的國家面貌，而是那一方土地人們的質樸微笑。

Cambodia

What' s Travel 001
微笑盛開的國度：柬埔寨

作　　者：李昱宏
總 編 輯：許汝紘
副總編輯：楊文玄
美術編輯：楊詠棠
行銷經理：吳京霖
發　　行：楊伯江、許麗雪
出　　版：佳赫文化行銷有限公司
地　　址：台北市大安區忠孝東路四段 341 號 11 樓之三
電　　話：（02）2740-3939
傳　　真：（02）2777-1413
www.wretch.cc/ blog/ cultuspeak
http://www. cultuspeak.com.tw
E-Mail：cultuspeak@cultuspeak.com.tw
劃撥帳號：50040687 信實文化行銷有限公司

印　　刷：漢藝有限公司
地　　址：台北縣中和市中山路二段 315 巷 8 號 2 樓
電　　話：（02）2247-7654

總 經 銷：時報文化出版企業股份有限公司
地　　址：中和市連城路 134 巷 16 號
電　　話：（02）2306-6842

更多書籍介紹、活動訊息，請上網輸入關鍵字　| 華滋出版 | 搜尋 | 或 | 高談文化 | 搜尋 |

國家圖書館出版品預行編目資料（CIP）資料

柬埔寨：微笑盛開的國度／李昱宏著.
再版——臺北市：佳赫文化行銷，2011.01
面；　公分 ——（What's vision；15）
ISBN：978-986-6271-34-2（平裝）
1. 旅遊　2. 柬埔寨

738.49　　　　　　　　　　　99025946

目錄 Contents

自序 那些微笑的美麗臉龐

　　我曾經兩次前往柬埔寨（舊稱為高棉），第一次是2003年SARS流行過後的盛夏期間，那時每一天的午后都下著陣雨——一如古代高棉王朝的時期一樣，那時我還是未婚的，那一次也成了我單身個人流浪的最後一次，第二次是2005年的一月，氣候還不算非常炎熱的時候（一月是屬於柬埔寨的乾季）。

　　第一次造訪拜SARS所賜，整個柬埔寨的遊人並不多，我當時幾乎是乘興恣意地遊覽各個古蹟，既無過多的遊人打擾，拍照時也毋須等候大批旅行團雜沓地離去，而且那次我所遇見的司機都是很客氣的，不過第二次我的運氣卻沒有這麼好了，而且也發現暹粒（吳哥窟的所在地）的消費似乎變貴了，時間相差不過兩年吧！

　　但是，柬埔寨的變化似乎超乎我的想像，不僅物價上揚，連金邊市都出現了超級市場，第一次前往的時候少見大陸商人，第二次再去金邊就常常遇見在當地經商的大陸商人，也偶爾可見大陸旅行團，不過，旅行團還是以台灣、韓國、日本為多。

　　第一次前往柬埔寨的時候，當時數位相機，尤其是數位單眼並不普遍，第二次前往時幾乎人人都拿著數位相機，使用底片拍攝的人已經成了少數中的少數。第一次我只在柬埔寨境內悠遊，而第二次我們從曼谷驅車前往泰柬邊境，然後進入暹粒與金邊，最後從柬埔寨進入了越南。當時因為南亞發生大海嘯，大批旅者從南亞轉進了柬埔寨，柬埔寨處處都是遊人，所以旅遊市場的行情似乎也因為遊人太多而顯得混亂。

　　兩次的拜訪，對於文化蘊含深厚的高棉顯然是不夠的，雖然

也走了不少地方，但還有許多古蹟我無法一一窮盡，莫說要一睹偏遠叢林神廟的廬山真面目，就連吳哥遺跡中的成百神廟我都無法個個親臨。高棉的古蹟成千上百（根據統計，現今柬埔寨境內有1,080座神廟），旅者也只能在交通及其他旅行因素中做出取捨。

除了柬埔寨境內的遺跡之外，我也曾踏訪泰國境內的高棉遺跡，高棉帝國強盛時期曾修築一條古代的高速公路，用來連接泰國境內的娉邁（Phimai）與高棉境內的暹粒（Siem Reap），這一路走來，也對古代高棉帝國的強盛留下深刻的印象。

在這本書裡，我列舉了那些我曾經造訪過的神廟，在參酌西方相關書籍的講解與自己親臨的體會之後，希望能帶給讀者一些

塔普倫寺外的小孩，初時他跟我玩躲貓貓。

基本認識，但我要強調的是，這本書還是一本旅行文學攝影集，所以我的概念還是以旅行為中心，希望書中的旅行經驗與相關資訊，能提供有志前往柬埔寨的旅者一些建議。

後來他也敞開胸懷跟我笑著對話。

在這裡，我也必須註明，「柬埔寨」（Cambodia）舊稱為「高棉」（Khmer），在書中我兩種名詞兼用之，在描述與古代相關歷史及文化時，我通常是使用「高棉」一詞；而在描述地理環境與現代歷史時，我通常使用「柬埔寨」這個詞。事實上，在外文書籍中提及古代歷史文化時，也是使用「高棉」，而古代高棉的君王與神廟譯名，目前尚無統一的中譯名稱，所以我以音譯的方式，儘量將其轉化為中文名稱。倘有任何疏漏之處，還請前輩先進們不吝指教。

我相當喜愛高棉，前後兩次的造訪不僅讓我更加愛上這個曾經文化輝煌的古國，而那些微笑的臉龐，不論是刻在石牆上的女神，或是活生生的市井小民的微笑，我的高棉之路始終滿溢著一張張難忘的美麗臉龐。

李昱宏

他序 洋溢著人文關懷的旅行
——給台客會的李大哥

　　第一次被邀請為李大哥的吳哥旅記寫序，真是讓我受寵若驚，但也格外珍惜這次難得經驗。在我的眼中，一本書的序往往是一個指南針，引著陌生的讀者挖掘書中黃金。

　　因為這樣，我問了你，希望我往哪個方向下筆，你只是說，「就隨你想寫些什麼吧！」果然是你的作風，那種旅行老手會說出的話。也因為這樣，我的腦袋開始構思了很多的路線圖，希望可以找出一條路線，是可以完整的表現我們大夥2005年吳哥窟的相遇。

2005年吳哥台客會合照

這一條路線圖是這樣表示的：

旅行動機→決定計畫→確實落行→成效回饋

這樣的表示可能還是太模糊，請再容我一一解說，關於旅行動機是這樣的：愛好旅行的我，一開始旅行就是選擇自助旅行，某部分是想藉由自助旅行表現自己可以脫離原生的母體開始學習自我獨立，另外的一部份是想要讓自己的心可以更開闊，學習有勇氣面對包容未知不確定，讓自己可以跳脫僵化的思想，學習無限的可能。

所以，去年當我覺得快要被現實水泥化時，內心開始蠢蠢欲動想要出走旅行，重新學習呼吸……

計畫的決定選擇吳哥窟，是一場美麗延誤後的完成，早該在2004年前往，但卻拖了整整一年才真的成行，用緣分論來說，拖延的一年是為了與大夥相遇，組成一個台客同好交流會。確實落行的延伸，可以解釋我們這群喜歡自助旅行的朋友，平常不太會在旅行時遇到這麼多的台灣同好者，但在吳哥窟卻讓我們碰到遇見了，甚至還搞出台客交流會，在吳哥異地分享彼此的旅行經驗。喜歡你分享旅行經驗時，那種散發閃閃動人的亮度，特別的有元氣。那樣的光亮，在閱讀你的書時也感受到，一種熱愛旅行的人文關懷。

最後的成效回饋應該是你完成了吳哥窟的這本旅行書，可以讓更多喜愛旅行的朋友，藉由你的書瞭解吳哥窟那特有的文化魅力，也讓更多喜愛的旅行者發現一個新的探索地：那充滿神秘國度的柬普寨，此生一定要造訪一次的吳哥窟。

李美樺

卷一
高棉文明古國的史地卷軸

當時以天朝自居的元帝國，

怎麼想得到一個尚且要對他稱臣進貢的藩屬國，

竟然有著連中原都自嘆不如的奇異文化。

　　高棉作為一個文明古國有其獨特性，雖然古代的高棉深受印度文化的影響，但高棉在吸取印度文明的概念後，獨自發展出自己的文化，像是以須彌山（Meru）為宇宙中心的概念而發展出來的城市文明，在其他洲陸的文明裡就非常少見，而高棉文明裡常常出現的裸身男女，那愉悅卻一點也不色情的舞姿，在其他文明裡也很難見到。

　　光從藝術成就來論，不管其他文明是如何的繁榮昌盛，對藝術的投入又是如何的積極，高棉文明中那些單憑對宗教的虔誠而起造的巨大神像與城池，還有那些精雕細琢的雕刻，就足以令人難以望其項背。

　　所以，在（元）周達觀所著的《真臘風土記》裡，就對這個異國文明讚嘆不已，當時以天朝自居的元帝國，怎麼想得到一個尚且要對他稱臣進貢的藩屬國，竟然有著連中原都自嘆不如的奇異文化。

「吳哥」可不是「吳哥窟」

　　了解高棉文明之前，必須先了解何謂Angkor（吳哥——不過這種譯法有其爭議性，若以音譯的話，「安哥」比較適切），因為Angkor這個字幾乎成了高棉文明的同義代名詞，許多人誤以為Angkor指的就是絕大多數外國旅者到高棉的必訪之處Angkor Wat（吳哥窟——這個譯法的爭議性恐怕更大，後文將提出我對這個譯法的淺見），而且這個誤解愈來愈普遍。

　　正確說來，在地理上的Angkor（吳哥）並非僅指Angkor Wat

（吳哥窟）而已，它是一片位於柬埔寨境內西北、廣達兩百平方公里的廣大土地，其上分佈著成千上百的大小神廟，遺跡多數坍塌，有些地方甚至還埋有殘存的地雷。

而就歷史定義來說，Angkor 指的是古代高棉帝國最為強盛的時候，有學者以Angkorian Era（吳哥時代）這個詞來形容這個璀璨的時期，現今柬埔寨境內的諸多神廟便是完成於這個時期。

吳哥是古代高棉帝國的政教中心，它的首都功能維持了將近五百年，位於金邊北方320公里處的暹粒省（Siem Reap Province）內，首府暹粒市（Siem Reap）是距離吳哥遺跡最近的城市，兩地相距僅僅6公里。

Angkor這個名稱震古鑠今，它起源自梵文的Nagara，意思是「神聖的城市」，Angkor的泰文是Nakhon，如果仔細查查泰國地圖，會發現境內最重要的高棉遺跡娉邁（Phimai）就在那空臘卡西瑪（Nakhon Ratchasima）附近，這一來可以提供讀者一些去踏訪古代高棉帝國範圍的線索。

另外，古代的高棉高速公路便是從娉邁連接到吳哥，這條古代大道長約225公里，在現今的泰國與寮國境內都有若干遺跡，而高棉帝國強盛時版圖幾乎囊括了今日中南半島大半，當時同一個區域內沒有任何國家能與之抗衡。

柬埔寨現今概況

「柬埔寨」一直有許多不同的名稱，我們舊稱柬埔寨為「高棉」，實際上是以其民族來定義，Khmer這個稱呼也是柬埔寨

在國際上所使用的舊名，指的是「高棉族」與「高棉語」，也有人翻成「吉蔑族」。而柬埔寨（Cambodia）還有Kampuchea、Kambujadesa或者Kambuja等拼法，其中Kambujadesa和Kambuja是柬埔寨的梵文拼寫，古代高棉大量吸取印度文明的精華，語言上也深受梵文影響，柬埔寨境內的神廟名稱大體都起源於梵文。

Cambodge則是柬埔寨的法文拼法，在柬埔寨旅行的法國遊人為數眾多，這個字也經常可見，原因在於柬埔寨曾經被法國殖民過很長的一段時間，所以法文也是柬埔寨境內通用的語言，老一輩的柬埔寨人都能說一口標準的法語。

柬埔寨境內，高棉族約佔全國人口1,040萬當中的90%，其他民族則是占族（多半信奉回教）、普農族、老族、泰族、斯丁族等等二十多個少數民族。

柬埔寨位於中南半島的南部，東南部與越南接壤，北部與寮國為鄰，西和西北部與泰國相接，西南瀕臨暹羅灣。柬埔寨的海岸線總長約460公里，氣候型態屬於熱帶季風氣候，年均溫度為攝氏24度，面積181,000餘平方公里。現今柬埔寨王國的首都是金邊（Phnom Penh），位於柬埔寨的南方，人口大約80萬。

七頭蛇神・水上國度

吳哥位於洞里薩湖（Lake Tonle Sap，又名Great Lake，譯為大湖）之畔，周達觀在《真臘風土記》裡稱此湖為「淡洋」，可見湖面之遼闊，高棉王朝的興衰與這座湖關係密切。

洞里薩湖的湖水源自於暹粒河（Siem Reap River），它是湄公

河的一條支流，而東南亞第一大淡水湖的洞里薩湖，也是湄公河流域的一個天然調節水庫，由暹粒河所沖積而成的肥沃平原便成了吳哥文明的基石，因此洞里薩湖湖水的高低影響著一個帝國的生機命脈。

洞里薩湖在古代高棉的神話裡佔有一席之地。傳說，洞里薩湖湖底住著一個七頭蛇神（Naga），牠在蛇神女兒要嫁給印度王子的大好日子，一口氣將湖水吸乾，一瞬間這座湖成了一大片肥沃的土地，成了蛇神女兒出嫁的嫁妝，這則神話為洞里薩湖在乾季與雨季的風貌迥異做了美麗的詮釋。

洞里薩湖湖面橫無際涯，湖上居住著一大群的水上人家，其中有許多是越南人，我的摩托車司機告訴我，越戰期間大批越南難民湧入柬埔寨，但其實早在越戰之前，就已有越南人在湖上定居了。湄公河原本就是溝通兩國的水路，所以居民之間來來往往本就不是什麼新鮮事，但這10萬左右的越南人至今在柬埔寨還沒有身分。

當時，我從暹粒走水路至馬德望（Battambang，位於暹粒的西南部，距泰柬邊境90公里）時，就對湖面上形形色色的奇特景象十分好奇，水上人家自成一格，他們的一切生活起居幾乎全都在湖上，連家禽也養在水上小木屋裡，還有水上市集供他們採買日常所需，當地人就在船上完成交易，真是一派怡然自得與世無爭的水上國度。

洞里薩湖還有一個恐怕早已為世人遺忘的特殊之處，湖底曾棲息一種神秘生物，不過並不是傳說中的七頭蛇神，而是學名Orcaella brevirostris的湄公河江豚。牠們是遠古時代生物的孑遺，

類似於中國長江的中華白海豚，這種湄公河江豚能適應海水與淡水，分布在緬甸、孟加拉的某些淡水流域中，但多於柬埔寨與寮國境內的湄公河水域出現。柬埔寨境內的湄公河江豚數量要多於寮國，不過總數可能剩下不到300隻。

這種江豚常常出現在寮國與柬埔寨的古老民間傳說中，通常描述江豚如何營救不慎落水或者遭到鱷魚攻擊的人類。神話終歸是美的，現實中的世界卻並非如此。

長年處於內戰戰火之中的柬埔寨，當地漁民很容易取得炸藥，他們習慣使用炸魚的方式捕魚，對湄公河江豚的生存造成極大的威脅。1970年代波布的血腥統治時期，赤棉為了破除柬埔寨人的舊思維（類似中共文化大革命的破四舊），更為了從鯨豚身上提煉潤滑油以供戰爭機械使用，在柬埔寨境內的洞里薩湖裡屠殺了約數千隻的湄公河江豚，這種慘無人道的屠殺行徑使得珍貴的古代化石生物瀕臨絕種。我在寮國湄公河流域旅行時，也想嘗試尋找這種神秘生物的芳蹤，可惜還是失之交臂。

湄公河對柬埔寨有著舉足輕重的影響，湄公河發源於喜馬拉雅山脈，流經中國、寮國、泰國、柬埔寨與越南等國，其支流幾乎遍及了整個中南半島，若說黃河是中國的母親河，那麼，湄公河就是許多中南半島國家的母親河，特別對古代高棉王朝而言，湄公河是王朝興盛的生命線，她帶來豐沛的灌溉水源，富饒了高棉王朝的稻田。在百茵神廟（Bayon）的浮雕壁畫中，就有許多描繪當時高棉王朝子民在洞里薩湖捕魚以及在湖濱耕作的畫面。

雨季（約5月到10月）一到，湄公河的水位就會暴漲，這是因為季風帶來的豐沛雨量，導致整個河水水位上升，這時洞里薩湖

就發揮了調節湄公河水位的功能，湖面會擴張到2,600平方公里，幾乎是乾季時一倍多的面積。洞里薩湖在乾季時，碼頭距離市區有17公里，但在雨季時便縮短為9公里

開「山」創始扶南國

高棉這個文明古國，世人多半只記得雄偉的吳哥盛世，幾乎將Angkor（吳哥）這個名詞等同於高棉，其實遠在吳哥時期之前的扶南與真臘，就已經為高棉寫下許多不凡的歷史詩篇。

遠溯至六千年前，在今日的柬埔寨馬德望省就已經有古代高棉先民的足跡，當時已經有了簡單的文化；到了一世紀左右，古高棉人已發展出農耕文化，考古發現當時的高棉人已懂得使用牛隻耕作、釀酒、飼養家畜等，還有了動物與祖先崇拜的信仰。

而同時期的中國，已經開始航海尋找與印度溝通的新航線，開闢新航線的理由是為了避免陸路上中亞各個游牧部落對漢民族貿易的襲擾；而印度也正思索著以航海與中國交通，當時印度的船隻都到馬來西亞整補，之後再沿著泰國灣一路順著中南半島的海岸航向中國南方。

高棉就剛好位居於這段航線的中繼站，於是從古印度航海探險的接觸，古高棉吸收了大量的印度文化與宗教——包括印度教與稍後的佛教信仰、印度的文學與宇宙觀、印度的律法系統等等，除此之外，古代的高棉亦大量使用梵文，並從而演化出自己的文字。而依據文獻記載，中國和高棉的交往始於一世紀末，即東漢章帝元和元年（西元84年），高棉向中國遣使並贈送生犀和

白雉。

　　學者們相信，這劃時代的交流是在高棉扶南王朝（Funan）的第一位君主混填任內，當時扶南領土包含今日的柬埔寨南方與越南南方，約為湄公河三角洲一帶；而「扶南」這個名稱，很可能源自於古代中國人對於古高棉文裡「山」這個詞的音轉，在中國古籍裡曾經藉由前述洞里薩湖的神話來描述扶南國的誕生，而在其他梵文與高棉文的文獻裡也有類似的記載。

　　在同時期的世界歷史裡，西方的基督教已經開始傳播，在羅馬競技場裡的基督徒與獅虎互相廝殺正方興未艾，而地球另一邊的印度文明已經發展到一個成熟的階段，在高棉的鄰國緬甸與越南則分別誕生了普王朝（Pyu Kingdom）與占婆國（Champa）。

　　三世紀之後，扶南王朝進入強盛的階段，而中國文明也進入了一個高峰期，諸如敦煌壁畫等的精緻文化已經出現了，此時隨著海上的交通與貿易的發展，扶南與中國的關係逐漸密切。

　　即使在中國紛擾的三國時期裡，高棉與中國並沒有中斷來往，扶南王朝於西元225年、231年、243年三次遣使貢奉東吳，為了回應與交好，東吳於西元244～251年間出使扶南，是中土使節首度進入高棉訪問，也是中土勢力第一次進入中南半島。除了高棉之外，他們還到過東南亞許多國家，也是中國歷史上比較明確的第一次派專使和南海諸國進行交流，其意義非常重大。

　　不過最特別的是，這支訪問團歸國後將當時所見所聞編成《吳時外傳》一書，是世界上最早介紹高棉的一部著作，其地位不比周達觀的那本《真臘風土記》遜色。

高棉史詩《真臘風土記》

　　此後扶南王朝共遣使中土達30餘次，而中土使節赴扶南3次。西元500年後進入真臘王朝時期（Zhenla或Chenla），其領土包含今日湄公河流域的大部分地區與寮國南部，之後領土更擴張到越南東北部與中國最南方，此時，中土與高棉的關係持續發展，真臘遣使赴中土51次，中土遣使赴真臘16次。兩個文明古國的往來，從過去只重視政治目的轉變為政治與經濟並重，民間往來也比過去更為密切。

　　七世紀後的唐朝（西元618～906年），真臘不但遣使赴中土達18次，使節團的地位還比以前高，規模也更加龐大。七世紀左右，真臘分裂為南北真臘（Upper and Lower Zhenla），也有學者稱之為水真臘與陸真臘。但非常弔詭的是，這段歷史只見諸中國人的記載，古高棉的付之闕如。

　　法國歷史學者Claude Jacques對高棉歷史卻有另類解讀，他認為古高棉可能有數個王國並立，而「真臘」與「扶南」的名稱可能只是當時高棉國向中國進貢時所使用的統一名稱；而在這段時期內，兩國的交好並沒有因此中斷，到了九世紀左右，傳說中分裂的真臘被加亞華爾曼二世（Jayavarman II）所統一，逐步進入了全盛期，這段時期又被歷史學家稱之為吳哥前期（Pre-Angkor Period），高棉神廟的初步結構與設計也在此時大致確定。

　　十至十一世紀約相當於中土的五代十國至南宋期間，此時的高棉王權轉移更迭數次，如果與歐洲歷史對照，當時歐洲正經歷著諾曼（Norman）勢力的侵略與擴張，但大體上還算得上和平穩

定，因此誕生了無數精美絕倫的神廟建築。

　　此時最為著名的君主為蘇利亞華爾曼二世（Suryavarman II）與加亞華爾曼七世（Jayavarman VII），蘇利亞華爾曼二世就是吳哥窟的建造者，而加亞華爾曼七世則為高棉王朝的中興君主。

　　西元1177年，越南的占婆族（Chams）侵略了吳哥窟，占婆族是一支源於印尼的善戰民族，他們播遷越南之後，在今天的越南中部建立占婆國，占婆國初期亦信奉印度教，之後改信回教。今越南境內同被聯合國公佈為世界文化遺產的美山遺址（My Son），便是當時占婆國的印度教神廟遺跡。後來占婆族被西元1181年登基的加亞華爾曼七世由高棉根除。

　　加亞華爾曼七世在位期間，堪稱是高棉有史以來最強盛的黃金時期，當時中南半島諸國均臣服於他的腳下。他也是高棉王朝歷代君王中最勤於興建神廟的一位，現今吳哥遺址中約有13座大小神廟完成於他在位時期，成為遺址裡最為耀眼的藝術表現。

　　到了十三世紀，正當蒙古於1253年發動三次西征，南宋被蒙古所征服，曠世的元帝國在西元1270年在北京建立了大都，元成宗元貞二年（西元1296年）周達觀隨招諭使來到了高棉。

　　當時的高棉君主可能是因德拉華爾曼三世（Indravarman III），周達觀從浙江出發，隨團到高棉訪問並停留了一年，回國後撰寫了《真臘風土記》，這本旅行文學是當今世界上現存全面反映古代高棉王朝昌盛的唯一記載，也是研究古代高棉史所不可缺少的一部著作，近代法國學者研究古代高棉便是以《真臘風土記》為藍本。

江河日下的國勢

不過，此時高棉王朝已逐步衰弱，在中南半島上崛起的新勢力是泰國的素可泰王朝（Sukhothai Kingdom），以及泰北與寮國境內的萊納王朝（Lan Na Kingdom）；這個時期的西方大事件，就是馬可　波羅旅行到了元帝國，他在忽必烈的皇宮裡目睹了當時中國的新奇事物。

到了十四世紀的明朝時期（西元1368～1644年），當時北京的紫禁城正處最繁華璀璨之際，從明洪武至景泰年間，高棉君王遣使至中土達23次，明朝使節訪問高棉也有12次，其使節往返之頻繁在兩國歷史上可謂空前絕後，此時中南半島的天下屬於泰國的阿育他亞王朝（Ayutthaya Kingdom，又譯為大城王朝）與之後的緬甸政權；而西方在此時陷入了百年戰爭裡，而日本也進入了戰國時期，葡萄牙的天主教與火槍開始在日本傳播。

到了1431年，泰國人入侵吳哥，這次的入侵對於已經日漸殘破的吳哥來說，無疑是另一次沈重的打擊，而這也間接造成現在柬埔寨人普遍對泰國人不滿的原因。

在2003年，我初次前往柬埔寨旅行之前，柬埔寨境內發生嚴重的排泰暴動，在首都金邊所有泰國商店與公司，幾乎都無法倖免於難，那次的暴動肇因於某位泰國女明星在媒體上聲稱吳哥窟為泰國人所有，這一說法馬上引起柬埔寨人的強烈反彈，並直訴諸於行動。

關於泰柬兩國的糾葛與矛盾，可以在泰國曼谷的皇宮內看出一些端倪，因為泰國皇宮內竟擺著一座精細的吳哥窟模型，這或

許可以解釋泰國人對吳哥窟念念不忘的理由，連皇室都如此，更遑論一般平民百姓了。

近代十九世紀中葉以後高棉的國勢日衰，先後成為泰國與越南的屬國；之後西風東漸，法國以殖民者之姿，以武力強取下柬埔寨、越南與寮國等三國。直至1949年，柬埔寨才在施亞努親王的奔走下從法國獨立為柬埔寨王國（Kingdom of Cambodia）。不過，上天並未從此眷顧這個已經飽受欺凌的國家。

近代血淚史

柬埔寨在五〇、六〇年代曾有過一段美好時光，當時的金邊號稱「東方的巴黎」，但是隨著共產黨的崛起，整個國家旋即陷入動盪之中，赤棉當時在中共的扶持之下日漸壯大，最終取得了政權。

在赤棉的殘酷與高壓統治之下，柬埔寨成了名符其實的人間煉獄，赤棉之後越共與柬埔寨的洪森勢力結合揮兵進入柬埔寨，越共雖然將赤棉趕出了柬埔寨，卻也趁機佔領柬埔寨長達10年，之後柬埔寨成了軍閥派系分贓的國度，各個派系擁有自己的軍隊，柬埔寨又陷入了內戰，直到了1993年聯合國介入調停後，才獲得了珍貴的和平。

現在的柬埔寨雖然還是百廢待舉，但是比起從前的煉獄，現在的時光已如天堂般可貴了，柬埔寨王國的近代史可以說是一部悲慘的血淚史。現今的柬埔寨國王是諾羅敦西哈莫尼殿下，他在2004年10月登基即位，成為柬埔寨王國的新國王，而他的王位傳承於他的父親施哈努親王，先前由於柬埔寨境內的紛擾政局，施

哈努親王曾經遠避北京很長一段時間。目前，柬埔寨這個國家正朝向穩定發展的道路邁進。

黃金盛世吳哥時期

吳哥時期（Angkor Period）是古代高棉最為輝煌壯大的盛世，要了解古代高棉的文化與藝術，絕對不可掠過這段歷史不說，一般歷史學者咸認吳哥時期起訖年代是西元802～1432年。西元802年，加亞華爾曼二世稱帝，開始了吳哥時期，止於西元1431年泰國入侵吳哥之後，西元1434年高棉王朝遷都金邊，吳哥盛世至此正式畫下了終點。

關於吳哥時期的締造者加亞華爾曼二世，史料事蹟極為有限，從柬埔寨境內出土的石刻碑文中，學者一般認定加亞華爾曼二世在返回高棉時，曾經在印尼的夏連特拉王朝（Sailendras，始於西元750年）待過一段時間，根據後世阿拉伯商人的敘述，印尼爪哇的夏連特拉王朝曾經出奇不意地從水路進入洞里薩湖之後，攻打吳哥。Sailendras意為「山中之王」（King of The Mountain）。印尼爪哇的夏連特拉王朝皇室曾宣稱他們是扶南王的後裔，據信與Funan（扶南）相關，它的意義都與「山」相連結。

歷史學者都相信，加亞華爾曼二世在那次戰役中被俘虜，高棉也成了夏連特拉王朝的藩屬。當時夏連特拉王朝是東南亞的強權，其領土包含今日的印尼爪哇群島與柬埔寨的部分。夏連特拉王朝也是印尼婆羅浮屠（Borobudur Temple）的創建者，其神廟風

格也直接影響了吳哥時期的建築風貌。

　　至於加亞華爾曼二世返回高棉的時間，則出現許多爭議，不過史學家認為不會晚於西元790年。他返回高棉經過幾次戰爭之後終於取得了王權，在他登基之初曾經三次遷都，理由不詳，應該與食物是否充足有關，之後他將都城定於今日的羅洛士遺址（Rolous）附近。

　　不過，西元802年加亞華爾曼二世又將首都遷往吳哥附近，並宣稱他的王權已經確立，意即他不再對印尼爪哇的夏連特拉王朝稱臣，後來加亞華爾曼二世又將首都遷回羅洛士並在那裡終老，駕崩於西元850年。

　　吳哥時期的王權更替了39次，但並非每一位君主都有可書之處，在這裡我簡單談談幾位較為著名的君主：

因德拉華爾曼一世

　　因德拉華爾曼一世（Indravarman I）的統治期間，介於西元877～889年之間，其首都定於羅洛士，不過，當時羅洛士尚稱為哈里哈亞拉亞（Hariharalaya），在位期間興建了巴孔寺（Bakong），此時的高棉人已經以印度教的宇宙觀建造自己的神廟。以形狀如山的巴孔寺為例，高塔所代表的是印度教教義中的須彌山（宇宙的中心），也因此巴孔寺成了後世吳哥神廟的典範。另外，他也興建了普利哥神廟（Preah Ko），這座神廟是為了紀念祖先而建。

　　在因德拉華爾曼一世在位時期，基本上奠定了吳哥神廟的藝

術風格與君權神授的觀念，君主就是神廟中神祇的化身，此一概念被其他後世君主奉行著，這也可以解釋為何歷代的高棉君主無不熱衷於興建屬於自己的雄偉神廟。因德拉華爾曼一世不僅建造雄偉的神廟，也開挖了巨大的蓄水池，以儲備雨季時的雨水供耕作使用。

亞松華爾曼一世

因德拉華爾曼一世之子亞松華爾曼一世（Yasovarman I）在羅洛士附近增建了羅蕾寺（Lolei），在位期間為西元889～910年間，他將都城遷至吳哥附近，此後的五百年高棉歷代君主，均以吳哥的區域為都城，亞松華爾曼一世之後的繼位者是他的兩個兒子哈夏華爾曼一世（Harshavarman I）與依夏那華爾曼二世（Isanavarman II），不過，這兩位君主的敘述在歷史上都語焉不詳。

加亞華爾曼四世

加亞華爾曼四世（Jayanarman IV），他將都城遷往吳哥的東北70公里處，在他統治時期創造出許多巨大的石雕，可以在現在的金邊博物館裡看見這些石雕。

加亞華爾曼四世傳子哈夏華爾曼二世（Harshavarman II），但不久王位便被其表親羅仁德拉華爾曼二世（Rajendravarman II）所奪，其統治時期為西元944～968年，羅仁德拉華爾曼二世將都城遷回吳哥，在位期間成功地以軍事武力對抗來自越南的占婆族。羅仁德拉華爾曼二世過世的前一年，開始興建著名的女皇宮班特

絲蕾（Banteay Srei），這座曠世巨作為當時的國師所設計，其精美程度為吳哥神廟之冠。

蘇利亞華爾曼一世

蘇利亞華爾曼一世（Suryavarman I）開創了另一波吳哥的高峰。傳說蘇利亞華爾曼一世是來自泰國的皇室後裔，也有一說認為他來自馬來西亞。此時高棉古代政府的功能被強化，更建立了內部的安全系統，更重要的是，他發動幾次戰爭將國土延伸到泰國灣，高棉的領土擴張可謂達到顛峰。

不過在他去世之後發生了幾次血腥的奪權事件，最後在西元1113年由蘇利亞華爾曼二世取得了王位，就是那位興建吳哥窟的帝王。他曾向越南的占婆族發動戰爭，也與當時的中國北宋開展積極的外交關係，例如他遣使至北宋稱臣，於是北宋派兵助其平定占婆族，在吳哥窟的南面浮雕裡有對此戰役的精細刻劃，浮雕中他坐在大象背上指揮大軍作戰。

事實上，古代高棉王朝的心腹大患始終是越南的占婆族，兩國互相攻伐糾纏長達數百年之久，蘇利亞華爾曼二世之後，王權的繼承發生了喋血事件，王朝陷入了動盪。西元1177年，越南的占婆族精心策劃派遣艦隊，從水路進入洞里薩湖，然後攻佔了吳哥，大肆焚毀。占婆族這一佔領竟長達4年之久，堪稱是高棉歷史上最黑暗的慘痛記憶。

加亞華爾曼七世

◆高棉重要帝系年表

統治時期	君主名稱	神廟代表作
802～850	加亞華爾曼二世（Jayavarman II）	庫倫神廟（Kulen）
854～877	加亞華爾曼三世（Jayavarman III）	
77～889	因德拉華爾曼一世（Indravarman I）	普利哥神廟（Preah Ko），巴孔寺（Bakong）
889～910	亞松華爾曼一世（Yasovarman I）	羅蕾寺（Lolei），巴肯寺（Bakheng），格羅姆寺（Phnom Krom），荳蔻寺／喀拉凡寺（Prasat Kravan）
910～923	哈夏華爾曼一世（Harshavarman I）	
923～928	依夏那華爾曼二世（Isanayarman II）	
928～941	加亞華爾曼四世（Jayavarman IV）	科克神廟（Koh Ker）
941～944	哈夏華爾曼二世（Harshavarman II）	東美朋神廟（East Mebon）
944～968	羅仁德拉華爾曼二世（Rajendravarman II）	
968～1001	加亞華爾曼五世（Jayavarman V）	
1001～1002？	烏達亞迪亞華爾曼一世（Udayadityavarman？I？）	Chamkrong
1002～1011？	加亞非亞華爾曼（Jayaviravarman）	

◆高棉重要帝系年表

統治時期	君主名稱	神廟代表作
1001～1050	蘇利亞華爾曼一世（Suryavarman 1）	塔高神廟（Ta Keo），天宮（Phimeanakas）
1050～1060	烏達亞迪亞華爾曼二世（Udayadityavarman? II）	巴本宮（Baphuon），西美朋神廟（West Mebon）
1066～1089？	哈夏華爾曼三世（Harshavarman III）	
1080～1113？	加亞華爾曼六世（Jayavarman VI）	
1080～1113？	達臘尼德拉華爾曼一世（Dharanindravarman? I）	
1113～1150	蘇利亞華爾曼二世（Suryavarman II）	吳哥窟（Angkor Wat）
1150～1160	達臘尼德拉華爾曼二世（Dharanindravarman? II）	
1160～1165/6	亞松華爾曼二世（Yasovarman II?）	
1181～1220？	加亞華爾曼七世（Jayavarman VII）	塔普倫神廟（Ta Prohm），蟠龍宮（Neak Pean），塔松神廟（Ta Som），安哥通城（Angkor Thom），百茵神廟（Bayon），大象閱兵臺及痲瘋王臺階（Terrace of the elephants and Leper），普利漢神廟（Preah Khan），十二座塔（Prasat Suor Prat）……

　　而結束這段悲慘歷史的是加亞華爾曼七世，他是高棉王朝諸王中最傑出的一位，為了復仇，他勵精圖治，更發動戰爭將占婆族逐出高棉境內，一舉俘虜了占婆族的君王，從此占婆國被併入了高棉帝國的領土內。

　　加亞華爾曼七世不僅建造無數神廟宇宮殿，還興建了道路、橋樑與醫院等公共設施，他的恢弘氣度與英明統治，使高棉王朝一掃陰霾，而他的建設規模也大大超越了前朝。

　　55歲才即位的加亞華爾曼七世是一位虔誠的佛教徒，因此這段時期的吳哥藝術由印度教轉向了佛教，在百茵神廟的浮雕上，即精采地描繪出這位曠世英主的種種偉大貢獻。

金邊市的大象，篤信佛教的柬埔寨將大象視為聖獸。

因德拉華爾曼二世

　　不過隨著加亞華爾曼七世的駕崩，宗教信仰也由佛教轉回了印度教，繼位的因德拉華爾曼二世（Indravarman II）與加亞華爾曼八世（JayanarmanVIII）不但不能克紹箕裘，又加上來自泰國素可泰王朝與蒙古大軍的威脅，整個高棉王朝開始走下坡。

因德拉華爾曼三世

　　西元1295年，因德拉華爾曼三世即位，其統治時期止於西元1307年，小乘佛教在這時成了高棉的國教直至今日。1307年之後的諸王事蹟，在歷史上少有記載，吳哥時期在1432年畫下了句點。

　　此後的五百多年，吳哥被埋於歷史的荒煙蔓草之中，相關記載只有少數歐洲人提及，但是那些葡萄牙與西班牙人的傳說故事，始終沒有比較明確的記錄。

卷二
話說古代高棉眾神與神話故事

古代高棉藝術中的神祇，面容安詳，

寧靜現身，不管是坐、是臥，或是站立，

也不管是裸身或身披華服，

其愉悅卻一點也不帶色情的儀態，確實是舉世少見。

　　古代高棉宗教深受印度的影響，但古印度教的神祇與神話多如天上繁星，豈是一天一夜就可以說盡，在此我以極精鍊的方式，帶領大家流覽古印度的宗教源流，提供一些些考證古高棉宗教的線索，讓你不至於迷失在精美的神廟浮雕中而無法脫身。

　　早在西元前3,000～2,000年間，印度河流域即已孕育出高度發展的文明，同時期的西方仍是一片漆黑蒙昧，而地球另一端的埃及與兩河文明也已高度發展，中國文明則大約是傳說中的黃帝蚩尤時代。

　　身為文明古國的印度與其他古文明一樣，很早即已孕育出成熟的文化，最早的印度古文明為摩亨佐・達羅文化與哈拉巴文化，都有相當豐富的宗教崇拜遺跡。

印度雅利安人源流考

　　根據考古證據顯示，早在西元前2,500年左右，印度河流域一帶就已經形成了古代的文明社會，史家稱此文明為「印度青銅器文明」，而此青銅器文明的遺跡，在印度河流域的哈拉巴城最為顯著，所以又有人以「哈拉巴文化」稱之。

　　創造哈拉巴文化的是當時的印度原住民達羅維荼族，他們以農牧維生，是一支嚮往和平的民族。考古學者發現，當時的哈拉巴文化就已出現城市規劃，有下水道、磚建的樓房、公私浴室、街道、店舖等等，而且手工的紡織業、陶器業也相當發達；哈拉巴文明在印度延續了千年之久，傳說最後是由於雅利安人的入侵而慘遭毀壞，雅利安人入侵印度是事實，但哈拉巴文化是否因此

而被破壞和滅絕，至今尚無定論。

根據近代考古學者的研究，雅利安人屬於白種人，最早定居在亞洲中部地方，以今日的地理觀念來說，約等同於阿富汗地區，大約在西元前三到四千年間，他們分別向東西遷徙。向西進的一支最後進入歐洲，成為歐洲人的祖先，因此，今天的歐洲人基本上是雅利安人的後裔。

不過，「雅利安」這個名詞，在二次世界大戰中成了納粹的宣傳名詞，當時的納粹主張種族純粹主義，他倡導最強最純淨的人才適於生存，他基於此成立了雅利安牧場。在納粹極權統治時期，每戶德國家庭的資料都被秘密警察詳細記載著，因為納粹想培育出最優秀的人種，古時候的雅利安人也有類似的手法，那就是「種姓制度」。

向東遷徙的雅利安人則到了波斯，後來又有一部份更向東南遷徙，進入了印度。雅利安人入侵印度約在西元前1,500年前後，當時他們越過興都克什山，進入印度西北部河川縱橫的區域，當時雅利安人稱之為「五河」，相當於現在的印度旁遮普省，而印度河是此區域中最廣大的河流，雅利安人初到此地，有感於印度河河水開闊壯麗，故名之曰「信度」，信度意為「大水」或「海洋」。後來這個名詞的音轉遂成為印度全境的名稱。

雅利安人是逐水草而居的遊牧民族，族人好戰勇敢。當時的雅利安人已有高度發展的氏族組織，如同黃帝時期的中國，並且已經脫離了雜婚的階段，雅利安人是以父親為家族之長來構成父系家長制的社會。

他們在侵入印度西北部後，征服了當地的土著，並在該地區

定居下來。印度西北部地區土地肥沃，雅利安人據此休養生息，印度西北最後成了雅利安人的政治文化中心。

　　印度境內各宗教的發展，自雅利安（Aryans）各部落進入印度西北部地區的西元前2,000年前開始。直到今天，印度依然以宗教立國，而印度宗教在漫長的文明史上也逐步演化，約略可分為三個時期：

吠陀時代：用美麗讚歌祭祀自然神

　　約當西元前1,500～前600年，史學家一般稱此期為「吠陀時代」（Vedic Age），而「吠陀」（Veda），指的是「知識」或是「神的啟示」，亦指印度最古老的宗教經典。

　　《吠陀經》把印度教神話初次以較為有系統的方法組合起來，在《吠陀經》裡的因陀羅（Indra），地位或許等同於我們的玉皇大帝，是眾神之首。根據記載，因陀羅原本是帶領雅利安人進入印度的英雄，在他死後被神格化，其神格化或許可以視為吠陀時期的詩人對於權力集中的一種描寫。

　　雅利安人的宗教信仰與其他古文明一樣屬於自然崇拜的，他們膜拜任何自然界的現象，諸如日、月、星辰、風、雨、雷、電、水、火等，都是他們所膜拜的對象，因此，日有日神，月有月神，風雨雷電也各自有神明掌管著，雅利安人讚嘆自然，以許多詞藻美麗的祭祀讚歌用以歌頌這些神明。

　　據傳，這些讚歌由七個氏族分別保留下來，之後雅利安人有了較完整的祭祀儀式，祭司們把古代讚歌加以蒐集並應用到祭祀

的儀式上，這些讚歌多是祈求繁衍後代、風調雨順、出征勝利等等，而這些讚歌的總集便是《吠陀經》。

到了吠陀文化末期，印度產生了婆羅門教，至今仍被採用的種姓制度即是出現在婆羅門時期，影響了印度數千年之久，即使聖雄甘地想將其瓦解都不可能，今天的印度賤民階級仍然不能被當作是正常人，人人平等的思想在印度也並不存在。婆羅門教的出現，被認為是神權統治集中的一個體現。

婆羅門時代：種姓制度是天神旨意？

約當西元前1,000年前，印度境內諸民族起了重大的變化，由雅利安人建立的種姓制度逐漸支配了全印度。當時的雅利安人佔據了印度河與恆河流域，並以印度河與恆河流域作為根據地向外發展，為了鞏固神權統治的核心，雅利安的統治階級發明了種姓制度。

種姓制度的梵語原意是「顏色」或「品質」，根據此一制度，人類被分為四個不同階級——婆羅門、剎帝利、吠舍和首陀羅。

「婆羅門」指的是統治階級，其中又以祭司為最尊貴；而「剎帝利」指的是貴族階級，包含武士與次於婆羅門的諸貴族們；「吠舍」指的是一般士農工商；「首陀羅」指的是奴隸，他們多半是被雅利安人所征服的印度土著。

在森嚴的種姓制度之下，這四個階級的職業世襲，而且不許通婚，不同階級的人不能同桌吃飯，不能同飲一口井的水，即使走在路上都要刻意保持距離。婆羅門階級為了進行神權統治，鞏固自

己的利益，宣稱種姓制度乃天神的旨意，任何階級不能逾越自己的本分，只有努力進取，服從天神旨意，才能晉升到更好的階級。

除了這四個階級之外，還有一個階級被稱之為「賤民」。賤民是不同階級通婚所生的後代，他們沒有任何權利，而被開除出種姓的人也會成為賤民。賤民在種姓制度下只能居住村外，只能從事被認為是最骯髒低賤的職業，例如抬死屍、清除糞便等等，當然，他們絕對被嚴格禁止與婆羅門接觸。

種姓制度以許多不合理的規定控制低下階級，例如，婆羅門階級辱罵較低的階級時只需罰錢了事，但是，如果賤民傷害了婆羅門階級，卻要施以斷手或斷腳的酷刑。在種姓制度之下，每個種姓都有自己的管理單位，如有觸犯規定者，輕則由婆羅門祭司給予處罰，重則被開除出種姓之外而成為賤民。事實上，種姓制度的存在是造成印度社會發展遲緩的決定性因素。

有人開玩笑地說，印度這個國家幾千年來未變，實際上也是衍生自種姓制度。自古以來，印度雖然經歷了幾種不同的社會形態，但是種姓制度一直延續下來，種姓制度成為歷代既得利益者的統治工具，即使今日的印度已經號稱是民主國家，但種姓制度的影響依然強烈籠罩著這個國家。

這時期的宗教，大體被稱為「婆羅門教」（Brahmanism），其特性是藉由種姓制度嚴格規定不同階級的儀式與生活，並藉由種姓制度的建立，來合理化與神聖化統治階層。此時，由《吠陀經》承襲過來的的神祇，隨著嚴格的階級劃分而更為複雜。在複雜的演化過程中，原為祈禱化身的梵天神（Brahma）最後脫穎而出，成為眾神之首。

印度教時期：出現一大堆天神鬼怪

由於婆羅門教過分維護統治階層與利益既得者，許多印度人開始思考新的宗教方向。西元前六世紀左右的印度，各方面發展快速，佛教開始興起，錫克教也在稍後崛起，主張眾生平等、人皆可成佛的佛教開始風靡整個印度，著名的孔雀王朝阿育王便是佛教的擁護者之一。

面對如此的宗教潮流衝擊，婆羅門教不得不改弦更張，修正它的教義與儀式以迎合印度人的需要，於是，婆羅門的舊神話不斷地被修改，而新的婆羅門神話又不斷產生，約在西元前四世紀，出現了《羅摩衍那》（Rmayana）和《摩訶婆羅多》（Mahabharata）這印度最龐大的兩部史詩，因陀羅等諸神的地位在這裡被削弱，至此，婆羅門展開了新的時代——印度教時期。

印度宗教最後進入了百家爭鳴的時期。一方面，廟宇大量的興建，在另一方面，神鬼的觀念傾向平民化，婆羅門時代所強調的神格化最後日趨衰弱，最後造成了古代印度教的獨特現象——那就是宗派林立、天神與各種鬼怪多到如夜空中的繁星。

吠陀神話中主要的神祇	印度史詩中的主要神祇
因陀羅（Indra）：天神	梵天（Brahma）：創造之神
阿耆尼（Agni）：火神	毘濕奴（Vishnu）：保護神
閻摩（Yama）：死神	濕婆（Shiva）：創造和毀滅之神
蘇利耶（Surya）：太陽神	阿修羅（Asura）：惡魔
撒拉瓦提（Sarasvati）：水神	

　　直到今日，沒有人能確切說出到底印度教有多少支派別、多少個鬼神，而從吠陀時期起，古印度宗教的神與鬼就不是以功能或德性歸屬來劃分，這也是印度宗教的一大特色。在印度宗教裡，鬼是可以住在天上又可以同時為人間的人類謀幸福的，反之，某些神則居於地底的陰暗角落，例如河流的轉彎處，而且有些神的面目猙獰凶悍無比，人類要不斷貢獻供品賄賂祂，這種混亂的神鬼系統與世上大多數宗教背道而馳，而這也是印度教的特點。

　　印度教是當今世界主要的宗教之一，所有的印度教派別都以《吠陀經》作為主要的經典，區域涵蓋印度、尼泊爾、東南亞一帶的國家，大約擁有10億5千萬的信徒（1993年的估計數字），這個數字僅次於擁有15億信徒的基督教和11億信徒的伊斯蘭教。

大乘佛教的菩薩也跑來了

　　除了印度教的傳統外，佛教的傳入對古代高棉文化也影響至深。一世紀左右，佛教大致形成了兩大宗派，這兩大宗派先後多次傳入高棉：其一是大乘佛教（Mahayana），其二是小乘佛教（Theravada），早先傳入的大乘佛教也影響了高棉的建築藝術風格，而十三世紀才傳入高棉的小乘佛教影響就很有限，因此時幾乎所有神廟都已完成，其後的高棉君主已少有偉大的神廟興建計劃。

　　小乘佛教從斯里蘭卡開始，向東南亞及南亞大陸傳播，其傳播路線是先經緬甸再至泰國、柬埔寨，時間大約在十一至十五世紀，今日多數東南亞國家信奉的便是小乘佛教。小乘佛教與大乘佛教的最大不同，在於強調度己而不度人。

　　至於大乘佛教，早在五世紀就經由今日的印尼，傳入了當時柬埔寨的扶南王朝，大乘佛教雖然在吳哥時期便已具有一定的規模，但其大盛的黃金時期還是在加亞華爾曼七世的統治期間（西元1181～1220年）。今日大乘佛教的興盛區域，大致為中國、尼泊爾、西藏、不丹、韓國、日本以及越南等地。

　　大乘佛教所強調的是度己度人，即是所謂的「普渡眾生」，而在藝術上的表現則與菩薩（Bodhisattva）形象有很大的關聯。所謂的「菩薩」，指的是累積了足夠的功德而達到涅盤（Nirvana）境界，但卻捨身遁入人間普渡眾生之人。

　　菩薩的造型多變，最常出現的是四臂分別持著閃電、聖書、蓮花與念珠的形象，這種四臂菩薩稱之為Avalokiteshvara（或許可譯為「觀世音菩薩」，因其意義為the lord who looks down from above），加亞華爾曼七世在位期間的菩薩大體屬於這種造型。今日在百茵神廟所見的菩薩化身，一般認為是加亞華爾曼七世以自己的面容與菩薩造型相結合，換言之，加亞華爾曼七世以人間菩薩自許。

　　此外，在蟠龍宮（Neak Pean）裡有觀世音菩薩的另一種造型。蟠龍宮的池中有一眾人攀附的神馬，這匹神馬就是觀世音菩薩的化身，背負著因船難落水的眾生。

　　不過，除了四臂造型之外，也有八臂造型的菩薩。八臂菩薩，除了四臂持著閃電、聖書、蓮花與念珠，另外四臂分別持著箭石（thunderbolt）、駕馭大象用的棒子、法螺、法輪以及聖劍。

　　由於古代高棉早期信奉印度教，因此印度教神祇也被融入觀世音菩薩的造型裡，最明顯的例子，就是印度教神祇的髮型也出

現在觀世音菩薩的頭上，而毘濕奴的造型也與稍後的佛陀造型相融合，佛陀造型的浮雕與雕像在古代高棉藝術裡也是很常見的。

古高棉的眾神全都面容安詳

所有的古代高棉神廟，都是為了彰顯宗教的神聖與鞏固王權，這點在各個古文明裡都是一樣的。最早的高棉宗教是萬物崇拜，其實這種膜拜動物、祖先或其他神靈的現象，即使是王權強大的吳哥時期，在民間一樣很興盛，就算到了現代，這種現象還是可以在柬埔寨境內發現。我就曾經在泰、柬邊境的小村落裡，看見當地人膜拜內戰殉難的戰爭英靈。

在一世紀時，高棉接受了來自於印度的印度教，稍後也曾改信佛教，但不管怎麼演變，古代的高棉始終是這兩種宗教的信服者，兩股宗教色彩也反映在藝術表現上。有時候，在同一座神廟中，也會有兩種不同但近似的宗教風格出現。

基本上，古代高棉神廟的風格受印度教吠陀傳統的影響很大，而古印度吠陀的儀式中已經包含了萬物崇拜與犧牲禮，其中的輪迴觀念也被古高棉人所接受。最重要的是，古代高棉採用了印度教的宇宙觀，認定須彌山為宇宙的中心，而這種對宇宙的認知，演繹出古代高棉的城市與神廟是古代高棉文化的一大特色。

另一個明顯的印度教膜拜，是對於陽具（Linga，音譯「林迦」）及陰具（Yoni，音譯「優尼」）的祭祀。在許多古代高棉的神廟中，都能發現巨大的陽具石雕立於陰具石槽之中，印度教認為，陰陽的交合生出世間萬物與和諧的宇宙狀態，所以，對於

陽具與陰具的祭祀，在古代高棉文化圈中是很慎重的，這種祭祀也可以在古代越南中部的占婆國中發現。

古代高棉的印度教崇拜，曾有兩次不同的分水嶺：濕婆神崇拜（Shivaism）盛行於九、十世紀，而毘濕奴崇拜（Vishnuism）則興盛於十一世紀。此外，印度教中的神話與法典，對古代高棉也有很深遠的影響，《摩訶婆羅多》就是其中一例。出現年代早於古希臘荷馬史詩的《摩訶婆羅多》，既是古印度的長篇敘事史詩，也是一部上古時代的百科全書，是印度文化和政治的基本聖典之一。

《摩訶婆羅多》的作者是印度古詩人毗耶娑（Vyasa），這長達40萬行的英雄史詩，被視為是世界上最長的史詩，一共有18篇。「摩訶婆羅多」意為「偉大的婆羅多族的故事」，故事描寫婆羅多族的兩支後裔爭奪王國統治權的鬥爭。在許多吳哥的神廟中（如吳哥窟）都可以看見描述這部史詩的浮雕，這部史詩不僅影響了古代高棉人的宗教信仰與政治思想，也豐富了古代高棉的藝術。

另一部印度教聖典《羅摩衍那》（Rmayana）也深深影響古高棉文化，《羅摩衍那》講述的是一個叫羅摩（Rama）王子和他的妻子悉妲（Sita）的故事。這個羅摩王子是毘濕奴神第七次轉世的化身，祂下凡來幫人們對抗魔王，而哈奴曼（Hanuman）是羅摩的重要助手，羅摩就是在他的幫助之下，找回被魔王擄走的妻子悉妲。

神話中的哈奴曼以猴神造型出現，據說，哈奴曼能夠飛騰變化、力大無比，祂面如紅寶石，體毛色如黃金，吼聲如雷，祂也

能騰空行雲。胡適認為，中國的古典文學名著之一《西遊記》的作者吳承恩，吸收了《羅摩衍那》哈奴曼中的一些成分來塑造美猴王孫悟空，他認為吳承恩不僅借用其內容，也移植其結構與形式，兩者之間有著十分密切的淵源關係。

哈奴曼在《羅摩衍那》中扮演了主要的角色，根據神話，他是風神的兒子，由於哈奴曼身形敏捷又擁有一身的神力，加上祂的好動經常引起天界的麻煩，也因此觸怒了天神兼雷神的因陀羅。某日，又闖了禍的哈奴曼惹得天神不高興，天神於是用閃電將祂打落，哈奴曼因此摔掉了下巴。「哈奴曼」在梵語裡的意思，其實也就是「摔掉了下巴」

哈奴曼有翻山倒海、顛倒乾坤的神力，《羅摩衍那》裡記載，當時哈奴曼統領的猴國大軍在印度本島，他們的死敵魔王的大軍則在斯里蘭卡，當猴國大軍正在苦思對策如何渡海到斯里蘭卡時，哈奴曼這就去喜馬拉雅山搬了兩座山頭扛在肩上，祂倏地飛了回來將兩座山扔到海裡，雖然最後山峰還是沒入了海中，但是由此也可以看出哈奴曼無窮的神力。

在吳哥時期裡，羅摩衍那的藝術形式大行其道，在班特絲蕾神廟（Banteay Srei）中，可以看見哈奴曼率猴子大軍解救悉妲的浮雕，而這種藝術上的影響除了體現在精美的浮雕壁畫當中之外，也體現在高棉的舞蹈裡。這種舞蹈形式又因泰國曾入侵高棉，泰國人當時將高棉舞者擄回，因此又影響了泰國的舞蹈。

古代高棉接受了印度教的教義，當然同時也接受了印度教中的眾神。這些神祇在古代高棉的藝術中，皆以面容安詳寧靜現身，不管是坐、是臥，或是站立，也不管是裸身或身披華服，其

愉悅卻一點也不帶色情的儀態，確實是舉世少見。

　　印度教的諸神在古代高棉文化裡，有不同的造型與象徵意義，其象徵意義通常與祂手中所持的法器有關，例如，法輪代表時間、權杖代表權威、法螺表示神聖的聲音，而諸神的座騎也都各自不同，所以座騎也成了辨別那些神祇的重要參考。

　　古代印度教裡的神祇用族繁不及備載來說，恐怕還未能達其萬一，以下僅列舉一些在古印度教和高棉藝術裡經常出現的神祇：

濕婆神──創造與毀滅之神

　　濕婆神（Shiva），是最早被古代高棉人接受的印度教神祇。祂也是吳哥時期之前（第五～八世紀）最普遍的印度教神祇，在吳哥時期的早期也十分常見濕婆神的造型，例如，羅洛士遺址諸神廟及班特絲蕾神廟，主要就是祭祀濕婆神。

　　古代高棉早期的濕婆神崇拜是以陽具形式出現的，這點是與古印度的濕婆神崇拜最大不同之處，陽具崇拜在古印度其實不如古高棉普遍。此外，雖然古代高棉早期的濕婆神崇拜是以陽具形式出現，但是，濕婆神造型也以許多人類的造型出現在古代高棉藝術裡。

　　根據古印度神話，濕婆神與妻子雪山神女巴瓦娣（Parvati）住在喜馬拉雅山西側的聖山Kailasha裡，兩個兒子──戰爭之神司卡達（Skanda）與知識之神甘尼許（Ganesha）也與他們同住。

　　在班特絲蕾神廟的浮雕上，有許多關於濕婆神的神話故事，而濕婆神的座騎是白色的公牛，因為濕婆神在印度教裡的地位崇

高，所以祂的座騎在印度教文化圈中也成了聖獸，君不見在印度凡是遇見了牛都得退讓三尺，而在祭祀濕婆神的普利哥神廟（Preah Ko）入口便能看見幾座蹲下的聖牛，這些聖牛是用來貢獻給濕婆神的。

關於柬埔寨的牛，有牛比人白一說。我們之後在越南遇見的威哥，是在柬埔寨住了10年的台商，據他說，柬埔寨有三怪：牛比人白是第一怪，第二怪是鼠比貓大，第三怪是路邊的警察是土匪，第二怪我倒是沒注意到，不過第一怪與第三怪我可有深切的體會。

「你在柬埔寨看見的深色水牛，並不是柬埔寨所產，那些水牛是從越南引進的，真正的柬埔寨土產牛是白色的。」威哥說。

濕婆神手持的法器是三股叉，三股叉象徵「不滅」；濕婆神的額頭有著第三隻眼，不過，這第三隻眼始終是閉著的，因為根據印度教的神話，如果這第三隻眼打開了，那麼整個宇宙就會被天火所摧毀。

濕婆是屬性最複雜的神之一，祂集水火不相容的特性於一身，祂既是宇宙的毀滅者又是宇宙的創造者，祂既是苦行者但卻又象徵人類的色欲，他既仁慈卻又有復仇的兇念。有時，濕婆神亦化身為舞蹈之神，不過這種例子並不多，在班特絲蕾神廟的浮雕中可以發現這樣的造型——濕婆神以張開的十臂愉悅地跳著舞。

濕婆神偶爾也以苦行僧的造型示人，祂盤著髮髻、手提著水壺、脖子上掛著一串108顆的念珠，這108顆念珠象徵了人世間108種煩惱。這108種煩惱的概念日後也影響了佛教，濕婆神的苦行僧造型影響印度教更為深遠，君不見今日印度境內的苦行者都以此一盤著髮髻、手提水壺的面目示人。

毘濕奴——保護神

在古代高棉藝術中，毘濕奴（Vishnu）也是一位很受歡迎的印度教神祇，祂的造型通常以站立的姿勢張開四臂，四臂各持不同的法器，一臂持法螺，一臂持鈴（代表地球，不過在古印度通常以蓮花代替），一臂持法輪，另一臂持權杖。

在古代印度教中，毘濕奴被視為保護神，祂在神話裡曾經轉世下凡來拯救世人，而祂轉世的造型每次都不同，前四次轉世以動物造形出現，而後六次則以人類的造型出現。

祂的第一次轉世為魚，在洪水氾濫時，祂化身為魚救出受困的人類。第二次，毘濕奴轉世為烏龜，烏龜造型的毘濕奴在古代高棉藝術裡最常見，作為一隻烏龜的毘濕奴在印度教神話創世紀的篇章裡化身為擎天支柱，當眾神攪動乳海的時候，祂穩定了滔滔的海洋，使宇宙得以和諧地被創造。

毘濕奴第三次轉世為野豬，不過，野豬造型的毘濕奴在古代高棉藝術裡並不多見，這種造型通常以人身豬頭出現，化身為豬的毘濕奴擎起了狂濤怒海避免世界被毀滅。

毘濕奴第四次轉世為半人半獅的神獸，將惡魔之王西蘭亞卡希布（Hiranyakashipu）咬死，西蘭亞卡希布在印度教神話裡是無法被人類或是野獸殺死的。

毘濕奴第五次轉世為侏儒，這個造型很容易被區別出來，因為化身為侏儒的毘濕奴手持水壺與一把傘，用三步跨越了天界、人間與陰間；第六次，毘濕奴轉世為持斧的戰神；他的第七次轉世為人間的君主羅摩王子（Rama）；第八次轉世則為摩訶婆羅多

中的黑天，幫助五王子奪回王位。

第九次轉世為佛陀，是最被世人所熟悉的故事；毘濕奴的第
十次轉世，根據印度教的神話至今尚未降臨人間，不過，這第十
次轉世的造型為白馬，或者是一匹馬頭人身的神獸，也有人把印
度聖雄甘地比喻成第十個毘濕奴的化身。

梵天——創造之神

濕婆神、毘濕奴和梵天（Brahma），被稱之為婆羅門教的三
大主神。梵天是創造之神，是婆羅門教中位階最高的天神，祂創
造一切的事物，包括人和一般神祇，連世間的魔鬼、災難等也是
由其所創。

根據神話，梵天是出生在一朵金蓮花裡。在毘濕奴創造宇宙
時，這朵金蓮花浮在乳海之上，梵天的座騎是一隻鵝。祂的造型
通常有四個頭——分別掌管宇宙的四分之一，它有四隻手，四隻
手所持的法器也都不同，其中有念珠、聖書、水瓶、杓子。

甘尼許——智慧與知識之神

甘尼許（Ganesha），是濕婆神與其妻子雪山神女巴瓦娣的
兒子。在高棉藝術中，甘尼許通常以雕像而較少以浮雕的形式出
現，關於象頭人身的甘尼許的身世，流傳著許多版本，最膾炙人
口的一個版本是說，雪山神女巴瓦娣經常在沐浴時被其他諸神騷
擾，而感到不勝其煩，巴瓦娣為了要保障自己的隱私以及慰解丈
夫不在時的寂寞，她決定製造一個只聽她號令的孩子。一天濕婆

神回到了家，遇見素未謀面的甘尼許，甘尼許不准濕婆神進入家中，於是從未見面的兩父子起了爭執，誰知濕婆神盛怒之下竟把甘尼許的頭砍了下來，這齣人倫慘劇過後，巴瓦娣求濕婆神給甘尼許一條生路。

濕婆神為了討好妻子答應下凡間一趟，把祂遇見的第一種生物的頭當做是兒子的新頭，並重新給予甘尼許新生命，結果他遇到了大象，這就是甘尼許以象頭示人造型的由來。

甘尼許在印度被普遍的膜拜著，原因在於祂所代表的智慧，除了掌管智慧之外，祂也主管財富、愉快、安寧與愛情等等人世間美好的事務，所以，象頭神甘尼許成了最受印度人喜愛的神之一。祂的座騎是一隻小黑鼠。

因陀羅─天神

因陀羅（Indra）是印度吠陀時期最著名的神。祂被認為是天神，掌管著風雨雷電，而彩虹便是祂的弓；雖然在印度教中祂的地位日漸衰弱，到後來只是一個看守天堂的門神，但祂在高棉藝術裡卻經常出現，神話中祂居住在須彌山上一座金碧輝煌的宮殿裡，座騎是一頭三頭象，造型一般是手持雷電，在安哥通城（Angkor Thom）城門你可以看見坐在三頭象身上的因陀羅。

卡瑪──愛神

在印度教眾多神明裡，卡瑪（Kama）是長得最英俊的神。在班特絲蕾神廟的浮雕裡，可以發現卡瑪的形象。祂的造型類似於

西方世界的愛神邱比特，祂手持以甘蔗製成的弓弩、以花做成的箭，座騎是一隻鸚鵡。祂主掌愛與創造，也主管性愛，喜歡在春天時節以箭射人，傳播愛情。

卡爾蒂凱耶──戰神及真理之神

　　印度神話中的戰神，正是卡爾蒂凱耶（Kartikeya，又稱司卡達，Shanda）。祂的地位，約等同於西方希臘羅馬神話中的戰神瑪爾斯（Mars），卡爾蒂凱耶是濕婆神和巴瓦娣的兒子。卡爾蒂凱耶被描繪成騎著孔雀的年輕小孩，傳說中，祂是從濕婆神神秘的第三隻眼射出來的火焰幻化而成，在祂出生之後的第四天就成為神軍的總司令，第六天，祂就率領眾神將魔界的妖魔擊潰。

　　祂的個性剛強而急躁，頗符合戰神的形象。祂的坐騎是一隻孔雀，以公雞為軍隊的旗幟，而祂最常見的造型是以射箭者的姿態出現，祂的箭由太陽神蘇利耶所打造，象徵太陽的熱與活力。佛教體系裡也有祂的存在，佛教把祂叫做韋馱天，是一名能日行萬里、一舉擊敗邪魔的神將。

蘇利耶──太陽神

　　太陽神蘇利耶（Surya）是源自於吠陀時期的神祇，吠陀時期之後繼續為印度人所膜拜。蘇利耶駕著七頭馬所拉的金色戰車，每一匹馬代表「一天」，七天則組成了一個星期，不過，偶爾也會看見祂駕的是一匹七頭馬，手持蓮花。

閻摩——死神

閻摩（Yama）所代表的是死神，也就是中國的閻羅王，所有的靈魂都必須經過祂的審判才能決定死後的命運；閻摩也是法律的代表，所有人死後的命運將依他們在人間的表現來決定，這又與中國的地獄觀念類似。閻摩手持權杖與繩索，權杖象徵法律，而繩索用來綑綁那些罪有應得者。

撒拉瓦提——水神

撒拉瓦提（Sarasvati）是在吠陀時期就存在的神祇，祂代表著藝術創作及科學之神。在神話中，祂是梵天的妻子，但是祂們的關係很薄弱，祂的座騎也是一隻孔雀。

巴瓦娣——雪山神女

古印度眾神明中以美麗著稱的女神，是喜馬拉雅山山神的女兒巴瓦娣（Parvati）。祂是濕婆神的妻子，也是甘尼許與卡爾蒂凱耶的母親。祂還有許多其他名稱，例如Devi、Uma、Durga等等，這些別名分別代表著祂不同的面向，當祂以恐怖的面容現身時通常被稱之為Durga（杜爾迦）。

神話的杜爾迦是描述天神與魔鬼發生一場戰爭，以因陀羅為首的天神被魔界打敗，群魔於是全都跑到人間為非作歹，一時之間，宇宙秩序陷入空前的大亂。戰敗的眾神撒退到喜馬拉雅山的群峰之上，向毘濕奴和濕婆等注眾神求救。眾神於是結合憤怒之

神力，創造了象徵復仇力量的杜爾迦。

因此，杜爾迦身體的每部分，都是由諸神的光打造而成——死神閻摩的力量變成頭髮，毘濕奴的力量成為雙手等等，諸位天神也將各自最厲害的神兵利器傳給了杜爾迦，祂的十隻手臂各拿著武器去對付惡魔——其中有濕婆神的三股叉、保護神毘濕奴的法輪、水神撒拉瓦提的神螺、火神阿耆尼的飛鏢、因陀羅的閃電等等。杜爾迦的座騎，有時是獅子，有時是老虎。

拉克斯米——財富之神

拉克斯米（Laksmi）是保護神毘濕奴的妻子，象徵財富與繁榮。神話中，拉克斯米誕生在宇宙初創時的乳海，經常以站在蓮花上的姿態現身，蓮花是拉克斯米的正字標記。

阿帕莎拉——飛天仙女

阿帕莎拉（Apsara）是位階較低的神祇，祂們經常可見於高棉藝術的浮雕中，祂們體態婀娜、面帶微笑。神話中的阿帕莎拉，是由宇宙創世紀時所翻動的乳海浪花幻化而成。

達拉帕拉——門神

達拉帕拉（Dvarapala）一樣是位階低的神祇，祂經常手持權杖，出現在高棉神廟的門口守衛神廟與神龕。在許多高棉神廟的門口都能看見祂的身影。

金翅鳥神

迦樓羅（Garuda）一般稱之為「金翅鳥神」，祂是毘濕奴的座騎、也是蛇神（Naga）的死敵。傳說中的祂，是一種神秘的巨鳥，擁有人的身體和鳥的翅膀、鷹爪與彎嘴，祂戴著冠與珠寶，還全身覆滿了羽毛。

在普利漢神廟（Preah Khan）的外牆上，可以清楚看見祂的身影，如果你仔細看的話，會發現金翅鳥神將毒蛇踩在祂的鷹爪下；另一處可以看見金翅鳥神的地方，是安哥通城大象閱兵台的牆上。金翅鳥神的形象在東南亞很普遍，泰國警察的徽章就採用金翅鳥神，印尼國徽也採用祂的象徵。

蛇神

蛇神（Naga）與金翅鳥神一樣，也是一種神話中的神秘生物，祂們也彼此相剋。蛇神，顧名思義造形自然像蛇，祂的功能有些類似中國的龍，但形象就相差甚遠，祂那帶鱗的軀體是最容易判斷祂身份的標誌，蛇神的頭在高棉藝術裡數目不一。

不過，以七頭及九頭的造型最為普遍，有一說認為，七頭象徵七道彩虹，也有一種說法認為，蛇神乃是皇家財富的守護神，而常見的由兩條蛇神共同拱衛的橋身，則象徵著天堂與人間的橋樑。在泰國境內的高棉遺跡中也有五頭的蛇神，蛇神的多頭成扇形，看起來非常像是眼鏡蛇，蛇神主管降雨與豐收，祂居住在水底或地底，這點與我們在天上騰雲的龍就天差地遠了。

高棉藝術中，通常在走道的兩旁與欄杆處就能看見蛇神的

造型。在神話裡，蛇神經常與人類通婚，高棉人相信他們是蛇神的女兒與人類通婚的後代，因此，蛇神在古代高棉文化裡備受禮遇，在高棉的神廟裡蛇神幾乎無所不在，其中在吳哥窟、普利漢神廟、巴孔神廟（Bakong）、還有安哥通城的城門都能輕易看見蛇神的造型，而蟠龍宮就是一座以蛇神圍繞而成的神廟。

難迪──牛神

Nandi音譯為難迪，意思是「喜馬拉亞山上潔白的雪」。難迪是一頭白色的公牛也是濕婆神的座騎，古代高棉人也膜拜祂，在普利哥神廟可以看見祂的身影。在越南的美森（My Son）遺跡中也能看見祂的造型。

拉胡──日蝕之神

神話中的拉胡（Rahu）沒有軀體，祂只有頭與手臂，駕著銀馬車在天上奔馳。日蝕傳說，便是因為祂將太陽和月亮吞卜而產生，最後，太陽與月亮又從祂的喉嚨裡重現。一直到今天，在高棉只要發生日蝕現象，人們依舊會敲鑼打鼓地驅趕拉胡這位日蝕之神。

睿許──賢明之神

睿許（Rishi）這個賢明之神留著山羊鬍，以盤坐的姿態出現。在古梵語裡，Rishi意為「苦行隱居的賢明者」。

卡拉（Kala）

卡拉經常出現在印度教或佛教的寺宇門楣，卡拉所象徵的是恐怖與仁慈。

傳說中，卡拉的食慾特別旺盛，經常要求濕婆神給祂大量的受害者，以滿足無盡的食慾，濕婆神終於受不了祂的要求，命令祂乾脆把自己吃了；沒想到，卡拉真的照做，除了頭部，竟把自己的身軀吞了下去。濕婆神知道此事之後，便把祂置於門楣上，象徵恐怖與仁慈的力量。

卡拉一般都以圓形眼睛、人或獅子的鼻子、像爪子的手、齜牙咧嘴地張開大嘴的形象現身。東美朋神廟（East Mebon）與羅洛士遺址諸神廟的門楣上的卡拉，是吳哥範圍內最生動精采者。

卷三
神廟的美麗從石頭上還俗

大哥這三行小字是假字麻煩你再擷取給我，要跟卷一、二一致

怎麼想得到一個尚且要對他稱臣進貢的藩屬國，

竟然有著連中原都自嘆不如的奇異文化。

當你走進高棉神廟，沉醉於古代高棉奇幻的藝術風格時，接下來，你的疑問或許會和我一樣，那就是這些神廟到底是如何建造起來的？當時的高棉人又是如何去切割這樣巨大的石頭？這些石頭從何而來？

當我佇足在金字塔前，我也有著相同的疑問，但是對於高棉神廟我的疑問只怕更多，畢竟那些神廟全都有美麗的紋身，即使年代久遠，飽經風雨洗禮的青苔已經爬上了它的肌膚，它骨子裡的美麗還透著晶瑩的柔光從堅硬的石頭上還俗。藤蘿般的赭紅、深綠、灰色鏽斑，絲毫不能阻擋它溫柔向外探的欲望，即使是在熱帶的炎陽下，也始終維持著它千百年來一貫的纖細與迷魅，彷彿那些飛天仙女霎時就會從浮雕上破繭而出，在你周遭翩翩起舞一般。

作為一個踏訪者，我也只能在它的跟前膜拜，以求這樣迷離的氛圍經久不散，像是檜木散發出來的因子久久在房間裡依迴。

人與神的橋樑——神廟

關於古代高棉神廟的藝術風格，恐怕三天三夜也無法道盡。不過，不管神廟的規模大小都有一個共同的特色，就是祭拜神祇的神龕一定位於神廟的中心，神龕中所供奉的是神廟的主神，而主神又與起祭祀祂的君主有密切關係。

實際上，當時的君主以自身與神廟主神相連結的方式取得人間之神的地位，因此，神廟的功能之一是舉行祭拜儀式，祈求人間與宇宙都能在一個和諧的狀態下，主神的祭祀儀式會一直延續

到當世的君主駕崩之後，即使新君另建新的神廟，舊神廟的祭祀功能仍然綿延不絕。

換言之，舊神廟以陵墓的形式繼續存在，陵墓內通常也保有上任君主的骨灰。新任君主則會為自己建更偉大的神廟，依其喜好祭祀新的神祇，這也是為何古代高棉的神廟規模愈來愈大，而每一座神廟的主神都不盡相同的原因。

此外，古代高棉的君主也會為自己的父母建造神廟，用意在於昭告天下百姓以彰顯君主純正的血脈，諸如塔普倫神廟（Ta Phrom）與普利漢神廟，便是紀念祖先的神廟。

古代高棉神廟主要扮演溝通人與神的橋樑，建築方位大多坐西朝東，至於為何是坐西朝東？這和太陽的日出與日落息息相關。高棉當時已經發展出傑出的幾何學，每一座神廟都經過精心的幾何設計，雖然現在的考古學者還找不到直接證據，去證明古代高棉神廟與月亮、星辰之間的關係，但學者們相信，古代高棉也已經擁有精準的占星學。

一般來說，多數高棉神廟都有以下特色：

（1）圍繞著主塔的院落；（2）神廟被高牆圍起；（3）高牆圍起的神廟通常不會只有一個入口；（4）大型神廟往往有護城河；（5）大型神廟通常都有長廊；（6）愈大型的神廟功能愈繁細。

基本上，一座大型神廟包含供祭司及皇族換衣服的更衣室、眾人集合的廳堂、供沐浴的浴池、入口處的門廊、長廊、看台、藏經閣等等。

而長廊往往在神廟擴建之後刻滿浮雕，這就是古代高棉神

廟的最迷人處之一，從浮雕上可以一窺印度教神話與高棉人文文化。從十一世紀以來，高棉神廟不管是以廊柱或牆為主體的長廊，大都圍繞著主塔，而神廟中的牆還有一個特色是高棉式的窗，有些窗是雕空的，有些只做裝飾用，這種裝飾用的假窗在其他古文明建築裡著實少見。

高棉君主為什麼喜歡建蓄水池？

古代高棉的君主也熱衷興建廣大的蓄水池，他們喜歡以自己的名字為蓄水池命名，興建這種蓄水池有水利上的需要，因為柬埔寨每年都有乾溼兩季，蓄水池可以在雨季時發揮儲蓄雨水的功能，以便日後灌溉，這種蓄水池很容易依其長方形與東西走向的方向來辨別。

最早在九世紀，因德拉華爾曼一世便在現今羅洛士遺址附近興築長3200公尺、寬750公尺的蓄水池，這個蓄水池名之為Indratataka；因德拉華爾曼一世之子亞松華爾曼一世，更興建了長7000公尺、寬1800公尺的蓄水池，這個蓄水池名之為Yasodharatataka（現在稱之為East Baray，即「東方瑪萊人工湖」）；蘇利亞華爾曼一世開始興建而完成於烏達亞迪亞華爾曼二世（Udayadityavarman II）的West Baray（即「西方瑪萊人工湖」），長8000公尺、寬2100公尺，是古代高棉最大的蓄水池，也是目前還有蓄水功能的蓄水池，其他大半都已經淤積。

古代高棉君主喜歡在蓄水池中央興建人工島，而人工島上通常也有神廟，加亞華爾曼七世所興築的蓄水池稱之為Jayatataka，

蟠龍宮便是位於這個蓄水池中央。

蓄水池除了具備實用的功能之外，也扮演彰顯君主無上榮耀的功能，因為有了這些蓄水池之後，古代高棉的農業才不缺灌溉用水，所以，蓄水池與豐收之間有著直接的關係。

不僅古代高棉有蓄水池，其他文明如古埃及、古馬雅、古巴比倫文明都有蓄水池，同樣也是都由皇家所建造。關於古代高棉蓄水池的研究，引起許多學者的討論，他們的研究重心在於釐清古高棉人是否已經擁有極為先進的灌溉系統？是否可以控制蓄水池內這麼龐大的蓄水？

周達觀在《真臘風土記》中描述，當時高棉人所種植的稻子一年三到四熟，但是可疑的是，周達觀並未提到任何關於灌溉系統包括蓄水池的描述。根據現在的空照圖顯示，吳哥窟及安哥通城一帶的水系被用作引水灌溉的不多，但是被用做護城河的卻不少，基於此種懷疑，許多學者相信當時的高棉人所能控制的水量並不多，他們的確引水灌溉稻田但僅止於小規模的使用，因此，有學者認為蓄水池的功能可能是提供飲水、沐浴、行船等等，而臆測中的先進灌溉系統可能並不存在。不過，目前這個問題依然有待更多直接而確切的證據來佐證。

古高棉人用什麼來建神廟？

除了大量使用的石材之外，古高棉人也使用以下的幾種建材來興建神廟。

木材

最早期的高棉神廟使用木材為建材，由於木材日久便會腐爛所以留下來的證據並不多，學者推測，古代高棉將木材使用在皇室的建築上，例如皇宮內的裝飾與重要的政府建築物，這點與古代的印度與泰國類似。不過，這些木材遺址最後都灰飛煙滅了，例如，泰國素可泰遺址（Sukhothai）的佛龕以木材為屋樑，現今都已腐爛不見蹤跡了，只剩下碩大的佛陀身軀獨立在平台之上，古代高棉神廟裡的木造遺跡現今也都不見蹤影，吳哥窟原來其實也有木造建築，如今都已消失在歷史塵埃裡了。

磚頭

最早使用磚造為建材的神廟，是羅洛士遺址的諸神廟。但是早在吳哥時期之前，古代高棉人就已使用磚為建材，磚的質地堅硬又耐久，自然成為神廟的主要建材，東美朋神廟便是一例。燒製磚的窯通常都在黏土的產地，古代高棉人在製磚的同時，也會加入一些其他材料讓磚更為堅硬。

灰泥

灰泥經常與磚一起使用，其作用在於修飾。關於灰泥的裝飾，在高棉神廟中時常可見，灰泥是熱化的石灰加上沙子、糖還有黏土所合成的，古代高棉人也用灰泥塗抹磚牆上的細縫，不過，比較值得一看的是以灰泥塑造的壁飾，這些壁飾經常出現在

門廊或牆壁上。經過幾個世紀的風吹雨打之後，許多灰泥裝飾已經崩裂，但你依然可以在羅洛士遺址的諸神廟裡看見保存相當完好的灰泥裝飾。

砂岩

　　砂岩最早被古高棉人用來裝飾神廟的門楣與窗，到了約西元十世紀末，砂岩取代了磚，成為建築的主流。砂岩質地堅硬，非常適合雕刻，古代高棉工匠善於在砂岩上雕出出神入化的花紋，被認為是最偉大的石刻工藝家。

　　以砂岩為建材的廊柱、迴廊、門廊、牆壁、拱門等等，在高棉神廟中處處可見，集其大成者應該要算是班特絲蕾神廟，當你走在這座淡紅色的神廟時，你會呼吸到屬於砂岩特有的味道，彷彿是品嚐一杯高棉的赭紅色咖啡，味道從飛天的壁上流洩，連仙女們都禁不住與你對酌，她們在高高的拱門處微笑著，在神龕的轉角處悄悄與你耳語，炙陽下的焗烤焦味反而成了打開情思味蕾的肉桂香料，班特絲蕾好似一種高棉的正字標記，那是一味從砂岩上萃取的獨味咖啡，那也是一曲從砂岩上萃取的詠嘆調。

　　高棉古代的砂岩採礦場，位於吳哥窟西北約30公里處，不過，砂岩的產量在十二世紀左右日漸減少，此後砂岩便成了特定而不能隨便使用的建材。百茵神廟的砂岩屬於火山形成的火成岩，質地較柔軟，因此更適合雕刻，你只要看看百茵神廟上那些描寫當時高棉生活的精采浮雕，就能體會砂岩之於高棉藝術佔有何種重要的地位了。

紅泥岩

紅泥岩也是神廟的建材之一，來源多半是來自於神廟周遭護城河上的土堤，但高含水特性讓它在烈陽下容易龜裂，因此被選擇用來當作神廟物的地基、柱子的基座，以及屋頂的補強等等，通常也被用作築牆、造路、鋪橋的材料，常與砂岩配合使用。

金屬

在古代高棉神廟的使用上也很普遍，最常使用的金屬是銅與青銅。通常在神龕的構造上會加入金屬，以增加其耐抗能力，而在塔的尖頂也會使用金屬補強，雖然在今日的遺跡中已經很難尋覓到金屬的蹤跡，但是我們仍然可以從周達觀的描述中找到一點端倪，他在《真臘風土記》中說：

「國宮及官舍府第皆面東，國宮在金塔金橋之北，近門周圍可五、六里。其正室之瓦以鉛為之，餘皆土瓦黃色，橋柱甚巨，皆雕畫佛形，屋頭壯觀，修廊複道突兀參差，稍有規模。其蒞事處有金窗，櫺左右方柱，上有鏡約四、五十面，列於窗之旁。其下為象形，聞內中多有奇處，防禁甚嚴，不可得而見也，國王夜臥其上。

「……當國之中有金塔一座……金塔至北可一里許，有銅塔一座，比金塔更高，望之鬱然。其下亦有石屋數十間，又其北一里許，則國王之廬也。其寢室又有金塔一座焉。所以舶商自來有『富貴真臘』之褒者，想為此也。」此中金塔與銅塔未必全以金銅打造，但可以確定的是，古代高棉人的確使用金屬作為建材之一。

黏土燒製的磁磚

周達觀在《真臘風土記》中也記載古高棉人使用黏土燒製的磁磚來裝飾神廟，這種磁磚呈長方形，其上雕有花紋，它的用途主要在裝飾屋頂。

盤據神廟上：妖魔之手

與古埃及金字塔類似的是，建造古代高棉神廟的石材也靠水運。古埃及建造金字塔的巨石仰賴尼羅河河水；而古代高棉興建神廟的巨石，先是在採石場被切割成大小不等的石塊，接著以暹粒河的水運運至吳哥窟附近，最後，再以大象或馬或牛拉的台車，將石材運到興築神廟的工地現場。在建築工法上，古高棉人大量使用石材為主要建材，然後以紅泥岩搭配石材以收補強之效，此外，古高棉人也懂得使用夯的方式增加建物的穩定性。

不過有一點很弔詭，神廟中的塔與一些牆卻不以夯的方式建築，結果樹木的根部可以輕易侵入建築內，久而久之樹木盤據了整面牆或整座塔，這種場景在許多神廟裡都能看見。

最為有名的應該是塔普倫神廟，那裡成了樹木聚會的禮堂，塔與牆成了樹木的附庸，據說盤據在塔普倫的樹叫做「空瀾樹」，空瀾樹被認為是妖魔伸向人間的手，當地人說古時候安哥通城破了，高棉的君主遷都後，妖魔樹影便佔據了塔普倫，塔普倫成了陰暗魍魎的宮殿，原來的舞者消翳了，塔普倫空盪盪的身形在大樹之間蕭條著。之後據說佛陀來了，空瀾樹逐漸被榕樹附生了，都說是佛陀贏了妖魔，因此妖魔的手不再肆意地盤據塔普倫神廟。

審美觀：一定要對稱

對稱，是古代高棉神廟藝術的一大特色，如果你仔細看著古代的高棉神廟，你會發現不管它的結構如何繁複，或是規模如何宏大，它都遵循著一個原則——那就是對稱。

「對稱」原本就是人類世界中一個很重要的審美觀念，人類的肉眼習於接受對稱的事物，並先入為主地欣賞對稱的美感，這或許是因為自然界中對稱的美感處處存在，如植物對生的葉子、鳥類對稱的翅膀、哺乳動物對稱的四肢等例，人類鍾愛對稱的美感，因而絕大多數的設計也都不會輕易違背對稱原則，古高棉的建築都信守對稱就是一例。

山形廟宇：隔開天堂與人間的巨山

古代高棉神廟的另一特色，是承襲了印度的神廟風格——山形的廟宇建築，而最早的山形廟宇是巴孔神廟（Bakong），君主建造神廟的作用之一是為了彰顯帝王的榮耀，而山形的神廟是首選。

承襲自印度傳統的山形神廟，與印度教（及之後的佛教）的宇宙觀有莫大的關係，如神廟主塔所象徵的都是須彌山——宇宙的中心，須彌山是隔開天堂與人間的巨山，印度教徒相信所謂的「須彌山」便是「喜馬拉雅山」，而印度教裡如梵天與因陀羅等諸路神明則住在喜馬拉雅山上。

須彌山的觀念之後被擴張，主塔四圍出現了其他的塔，那些塔所象徵的是其他的洲陸，最明顯的例子該算是吳哥窟，這樣的神廟

往往在每個入口的台階上皆有石獅守護著，巴孔神廟就是其中的一個例子。

門廊：飛天仙女站兩旁

　　古高棉神廟的門廊，同樣也承襲自印度教建築，樣式也從早期的簡單漸漸發展到後期的繁複，如你仔細觀察，會發現門廊上多半有飛天仙女羅列兩旁，也有精美的石雕，雕的多半是印度教神話或神明。

牆：不是為了保護神廟

　　而其他風格，諸如四圍的牆與蛇神造型的參道護欄等等，在迭經演變後也成了高棉神廟的著名標記。牆的作用往往不是為了保護神廟，而是當作區隔神廟空間的巨大屏風，工匠會在牆上刻上浮雕以求精美，浮雕的主角往往是佛陀，可以在普利漢神廟裡發現這種刻滿浮雕的牆，不過那堵牆經過盜獵者破壞後已經元氣大傷，許多佛陀早已是身首異處。

塔：蘆筍造型與火焰石雕

　　古代高棉神廟的塔也是一大特色，造型多呈蘆筍狀，並從底層逐漸往上縮，塔身則飾滿蓮花或蛇神繁複圖案的石雕。古代高棉式的塔也承襲自印度，而這種塔不僅可在當今的柬埔寨看見，也出現在泰國的素可泰遺跡裡，由此可見當時泰國文明深受高棉影響。

藏經閣：高棉神廟正字標記之一

藏經閣是古代高棉神廟的正字標記之一，藏經閣往往都是成對出現。基本上造型大同小異，規模大小不一，泰國境內的高棉遺跡瑪它（Meung Tam）便有許多大型的藏經閣。

古高棉神廟的藝術形式

高棉的藝術風格泰半承襲自印度文明，不過，古高棉人在吸收印度文明之後自闢蹊徑，最後創造出獨特的高棉風格，例如，古代高棉遺跡裡那些充滿浮雕的牆，至今已有九百多年的歷史，九百多年前許多文明的藝術裡尚未看見那樣繁複精美的浮雕。

古代高棉神廟的豐富石雕藝術，除了展現在浮雕之外，也體現在造型雕刻上；他們不僅使用石頭作為雕刻的材料，也使用青銅。如果你想要對古代高棉的造型雕刻有進一步的認識，可以參觀位在金邊的國家博物館，那裡的高棉造型收集是全世界最豐富的地方，你可以看見各種神祇的造型在那裡出現，很多是蛇神、門神達拉帕拉以及金翅鳥神等等。

精美浮雕——地位高的人雕像比較大

古代高棉神廟的浮雕應該是最具代表性的藝術形式，上面刻劃的多半是印度教的神話故事、戰爭的歷史、聖書與法典的內容，而百茵神廟的浮雕所描繪的多半是老百姓的日常生活，其中還能發現高棉工匠十分幽默的一面，有些浮雕刻的是整列的飛天

仙女或神話動物。那些震古鑠今的浮雕始終是許多旅者魂縈夢牽的所在，我在旅行的途中就見到一位美國學生，她到過柬埔寨7次，她說，每一次都像是新的體驗一般，而每一次她看著浮雕也總有新的發現。

古高棉的工匠利用不同的遠近關係描繪出立體的造型，諸如神話的主角當成近景，而以風景的背景當作遠景；並巧妙地運用浮雕中人物的視線轉移觀者的視線，如此一來，浮雕中的景深就不會刻意的被觀者所注視。值得注意的是，古代高棉的浮雕也與兩河流域及古埃及一樣，地位尊高者的尺寸比較龐大。吳哥窟東南翼迴廊關於乳海翻騰浮雕裡的保護神毘濕奴，尺寸便比其他神明大上許多。

最佳女主角──飛天仙女阿帕莎拉

飛天仙女阿帕莎拉，幾乎成了高棉的同義代名詞，阿帕莎拉的倩影處處出現在高棉神廟的浮雕中。在高棉亙古的歷史長河裡，阿帕莎拉始終是最佳女主角，再沒有比她更風姿綽約的女神了，她美麗婀娜的影姿飛騰在一堵堵的牆上，一朵朵的微笑漫開在炎熱的午後，彷彿打造她們的工匠也早已經預知了她們的飛昇，所以先驗的為她們妝點了迷人的微笑，好為她們的升天之路留下美麗的印記，那一路迤邐的微笑像拖著燦爛的星，在高棉的星海裡阿帕莎拉浮沉於每日的日昇日落，霞飛與露湛從她一時時的肌膚流逝，轉眼之間，不得不讓人信服於她們的確是從乳海翻騰的創世紀浪花中幻化而成。法國學者就歸納出不同姿勢的阿帕

莎拉，並且給予她們不同的名稱，不過大體而言，阿帕莎拉的名字早已經銘刻在高棉的歷史裡，並且成了高棉女性的代名詞。

高棉式思維：一扇扇打不開的門窗

　　古代高棉神廟的窗散發一股獨特的韻味，除了因為這些窗是以石頭雕琢而成之外，還牽涉到窗的構思與運用，石窗在其他文明中已屬少見，令人讚嘆的是，工匠的巧手讓窗櫺精巧到連現在的車床都望之弗如，你只要看看那些窗便能理解我所說的驚

　　古代高棉神廟的窗往往不是真有實用價值，有些窗只是裝飾而已，相同的情形也出現在門的造型，所以，你在逛神廟的同時，可能會看見一扇不透的窗，可能會看見一堵牆上刻著早已被青苔佔領的門，你會訝異於高棉式的藝術思維，也會開始望窗興起無由的嘆息，那一層層墨綠的青苔不是解答，而是更深更遠的疑惑。

　　事實上，若是以中國建築的實用主義出發，那麼，古高棉神廟的窗也一定曾經令當時的周達觀百思不解，為何雕砌出一扇無法透空的窗？為何在塔身上鑿出一扇扇打不開的門？這答案可能埋藏在飛天仙女的微笑裡，她們或許以溫柔婉約的語調耳語著「我不知道，我不知道」！

門楣上頭不寂寞：精彩故事正上映

　　在古代高棉神廟藝術裡，所有的門楣都不單調，它們伴隨著許多精美的雕刻，神話故事裡的神獸便是工匠最愛的形象。

　　金翅鳥神便經常蟄伏在門楣之上，俯瞰著進進出出的眾生，其他的神獸也在門楣上睥睨著，有時，飛天仙女的曼妙舞姿在你不遠的頭頂上散開，或者羅摩衍那神話裡的猴子大軍，正在門楣不算寬廣的空間裡操兵，更有諸路神明各顯神通的精彩故事演繹。在不算太長也不算太寬的門楣上，總會上演一些令人驚喜的熱鬧場景。

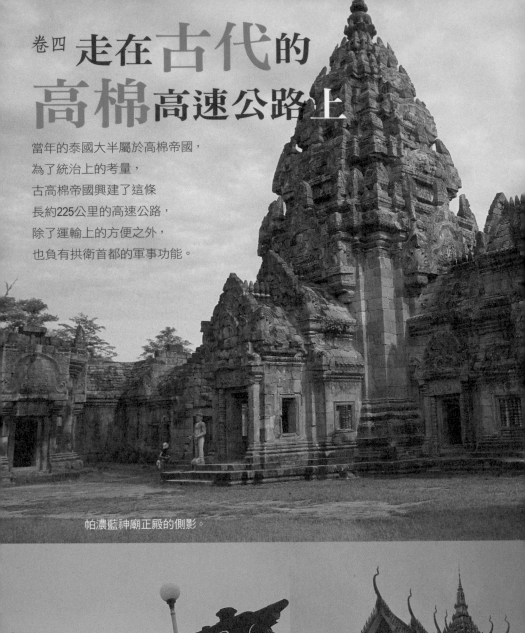

卷四 走在古代的高棉高速公路上

當年的泰國大半屬於高棉帝國，
為了統治上的考量，
古高棉帝國興建了這條
長約225公里的高速公路，
除了運輸上的方便之外，
也負有拱衛首都的軍事功能。

帕濃藍神廟正殿的側影。

　　2004年暑假，我們前往了泰國與寮國，開啟為期一個月的探訪古蹟之旅。

　　離開曼谷之後，我們的目的地是娉邁（Phimai），之所以選擇去那個地方，主要是因為那裡曾是古高棉帝國在今日泰國境內的重要門戶，古時的高棉高速公路便是從娉邁連接到吳哥。

　　長約225公里的古代大道，除了具有交通聯絡上的直接作用外，亦負有軍事上的功能，當年的泰國大半屬於高棉帝國，為了統治上的考量，古代高棉帝國興建了這條高速高路，除了運輸上的方便之外，也在拱衛當時的首都。

　　想要到娉邁，首先必須搭火車往那空臘卡西瑪——Nakhon Ratchasima，泰國人對此城市暱稱為Khorat，其發音近似於「可

從Phimai到Angkor的古代高棉高速公路

啦」，而Nakhon其實便源自於古代高棉文中的Angkor（吳哥）這個字，意義是「神聖的城市」。

　　在曼谷火車站的月台上，我們與泰國朋友Vipada擁別之後，又踏上了旅程。

　　泰國的火車運輸不算太發達，車齡也普遍老舊，我發現泰國人是個很戀舊的民族，因為在路過的大大小小火車站裡，都能看見一些被細心保留下來的老舊火車，那些老火車被當成是展示品一般展覽著，如果你再仔細看看，會發現老火車的狀況都還算是不錯，大部分都被漆上新漆。

　　陽光耀眼的老舊車身，的確是一部會說話的歷史。儘管泰國的鐵道運輸不算是太突出，但是，泰國人保存鐵道文化的苦心，卻不得不讓人佩服。

　　我們在那空臘卡西瑪轉搭巴士，從那空臘卡西瑪到娉邁並不算太遠，不過後來我們發現，泰國的巴士客運往往不會走直達路線到目的地去，所以，繞來繞去的路程會消耗掉一些時間的。

　　當時的天色尚早，約莫四點的斜射陽光仍有一定的殺傷力，夏日的泰國真的酷熱難當，我們抵達娉邁時大約是黃昏六點半，屬於熱帶國家的泰國在那個傍晚照例地下起了對流雨，我們投宿在一家旅社裡，娉邁的名氣不若其他泰國城市來得響亮，因此可以投宿的地方並不算是太多。

　　而我們之所以選擇先往泰國東北部走，也是想避開那些熱鬧的旅遊點，而且，泰國東北部其實有一些很值得一看的高棉遺跡，尤其是娉邁，被認為是目前泰國境內規模最大且最重要的高棉遺跡。

泰國娉邁小城：時光停留在千年以前

　　娉邁是個小城，她小巧得十分可愛，我們畢竟還是鍾愛這樣小家碧玉的小城，說娉邁小家碧玉可是一點也沒錯，因為你很難遇見一座小城的古城遺跡就在現在的住宅區旁。

　　當我們乘坐的巴士駛進娉邁的同時，窗外那一座保存完好的高棉遺跡，依舊淌在對流雨裡的古城透著一種古意盎然的氛圍，彷彿時光依然停留在一千多年前的高棉王朝裡，古樹枝芽依舊油亮，浸在雨滴洗禮的蓊鬱樹林恍若千年前的模樣，神廟前代表海洋的水池還保有一池的淺綠，微風輕來，點點漣漪便在池中漫開。

　　古城邊是現代的市集，小鎮的喧囂在黃昏的雨幕裡已稍稍冷落了下來，微暗天色中，只見小販收拾著原本用來遮陽的大傘，看來晚上是沒有夜市了。

　　我們在那個小市集裡四處閒晃，買了一些榴槤，這水果之王榴槤在泰國真是物美價廉，晚餐時分在那附近吃了一碗泰式河粉，那湯頭裡微微的酸味好像加了酸梅一般，當地也有許多賣著粥的小販。或許是泰國的華裔人士很多，許多字的發音都源自於廣東或閩南音，當地人也習慣以筷子用餐。

　　歷史裡的娉邁古城與神廟，約建於西元十一到十二世紀，也就是高棉最強盛的加亞華爾曼七世王朝時期，神廟的部份建築則最遲完成於十三世紀。

　　有學者推估，娉邁神廟應該是吳哥窟的模型，他們認為吳哥神廟是參考娉邁神廟所建的，這種推論其實不無道理，因為娉

娉邁的夜色，下著雨的娉邁別有小鎮的風情，圖中為神廟造型的警察局。

從主殿旁的迴廊望過去的神廟。

邁神廟的年代早於吳哥窟，如果你已經去過吳哥窟的話，你會訝異於吳哥窟其實是娉邁神廟的放大版，兩者的地理環境還相當類似，不同的地方是娉邁神廟的座向朝南，而高棉王朝絕大多數的神廟皆朝東。

最引起我的興趣的是，娉邁神廟的五頭蛇造型少於吳哥的七頭蛇造型。蛇神經常出現在東南亞的文化圈裡，或許也是因為高棉文化早於其他的東南亞文明，在因循的情況下，幾乎在寮國、泰國等地也都能找到類似的圖騰，這也是後來我在旅途裡歸納出來的發現。

然而，娉邁的五頭與吳哥的七頭之間的差別，是否代表了某種位階上的意義則不得而知。有一說認為，五頭蛇造型的蛇神所代表的是婆羅門教（印度教），而七頭蛇造型的蛇神則代表佛教。

考古學家也發現，古代的娉邁與吳哥其實是有大道相通的，學者們將這一條大

由於泰國未經戰爭的波及，娉邁的高棉神廟遺跡至今仍保存在良好的狀態下。

道稱之為「古代的高棉高速公路」，強盛的高棉王朝當時在今日的泰國境內興築了不少類似的神廟，其用意不僅僅在於彰顯帝國的繁榮昌盛，也在軍事上達到拱衛吳哥的目的。

除了曠世的高棉巨作之外，娉邁還有一處名勝很值得一去。

在小城的郊外，有一處樹林是世界上最大的白楊樹，說是樹林其實卻只有一棵樹，而這也是它最引人入勝的地方，350多年來，那棵白楊樹已經由一株小樹壯大成為一片白楊樹林，枝葉茂密的樹林

娉邁高棉神廟正殿的正面圖，它的造型與柬埔寨境內的吳哥窟極為神似，吳哥窟其實是娉邁神廟的放大版。

其實都源自於同一棵樹，這種情況很類似於澎湖的通樑古榕，只是娉邁的白楊樹林要比澎湖的榕樹大上數倍。

　　這一大片白楊樹林也早已成為當地人的乘涼之處，並在最原始的白楊樹頭建了一座小廟供人朝拜；白楊樹林外，許多攤販賣著小動物，那些籠裡的小鳥與水桶裡的泥鰍等著人們的放生，買小動物放生在泰國是很常見的現象。至於這種因果是否合理，恐怕並沒有太多人去想吧！我猜。

娉邁高棉神廟的蛇神雕像，其細緻的程度與柬埔寨境內的遺跡相比，有過之而無不及。

娉邁高棉神廟的男性守衛石雕。

娉邁高棉神廟的主殿建築。

娉邁高棉神廟前象徵海洋的水池。

那隆小旅館裡：聲聲蛙鳴落夢中

別了娉邁之後，我們輾轉到了那隆（Nang Rong）。

這一路的行程從娉邁先轉回那空臘卡西瑪，再從那空臘卡西瑪搭車到Buriram最後才抵達了那隆，去那隆，為的也是去看高棉遺跡——帕濃藍（Phnom Rung）位於今日泰柬兩國的邊境。

在古時，她的位置恰好是高棉高速公路上的中點，與泰國其他地區的高棉遺跡不同的是，此地的遺跡是在死火山上，所以視野極好，坐在神廟的階梯上，俯瞰山下的稻田綠浪，在炎炎的盛夏裡的確算是旅途的一大享受。

那天，我們趕了半天的路，最後抵達那隆時已是晚上七點半左右了。天色已晚，加上那隆只是個小城，交通不算很方便，躊躇了

娉邁高棉神廟正殿的內部迴廊。

一會兒之後，我們決定搭當地的一輛計程車，其實那也不算是輛計程車，只是一個當地人開著他的車在巴士車站前招攬生意罷了。

不過，到了住處之後，我們才發現被騙了。

那也是我在清邁之前唯一一次比較介意的事件，因為我們旅行泰國期間對善良有禮的泰國人留下極佳的印象，不論是問路或是請教問題，都能得到當地人友善的協助，我想，這也是佛教國家的特色吧！不過，這次我們倒是有些意外，因為短短的兩公里路程，那個計程車司機竟然敢收我們50泰銖，而我們從那空臘卡西瑪到那隆所搭乘的巴士，那兩個多小時的路程也不過收30泰銖罷了。

當時，我們想找的是一家叫做honey inn的guest house（小型家庭旅館），在車站問了許多人之後，他們都表示不知道，但許多當地人與和尚熱心地想幫我們，哎！語言無法溝通，他們也只能

娉邁高棉神廟主殿門楣上的蛇神雕像。

帕濃藍神廟前的階梯，位於山頂的神廟要經過三段階梯才能抵達。

愛莫能助，我想他們或許知道那家guest house的所在，只是他們不
了解英語的問法罷了，在泰國會講英語的人其實很少。

我們住進那家guest house時，與一位法國人偶遇。其實，之
前在娉邁的神廟裡我們已經照過面，他是一位在巴黎當郵差的先
生，那一天，娉邁的神廟裡也只有寥寥可數的幾個外國旅者，我
當然記得他。

來泰國之前，這位法國人在寮國旅行，所以，我也向他問了
一些關於寮國旅行的事情，他無奈地抱怨，他的寮國之旅被一群

前往帕濃藍神廟的鄉間小路上一景。

喝著啤酒的美國人給破壞了，那一群美國人幾乎在旅程上處處與
他相遇，只是不幸地，他顯然不喜歡那種喧鬧的感覺。短暫的交
談之後，我們才發現他也受了那個計程車司機的氣，似乎那個計
程車司機已經在那隆有了很壞的名聲了。

　　我們稍後便到小城的街上覓食去了，在小店裡，我們遇見了
一男一女的兩個紐西蘭人，紐西蘭人一向活潑熱情，我在埃及旅
途中所認識的朋友Daniel就是這一類，他們喜歡暱稱自己為kiwi，
kiwi是一種只產於紐西蘭長嘴無翅的可愛鳥類鷸鴕。

我們在吃飯時候聊了起來，他們是昨天到那隆的，已在泰國旅行了一個多月，泰國之前他們幾乎把南亞與東南亞都走遍了。在為時兩年的旅程裡，泰國是他們的中途站，我偶爾就會遇到這種經年累月都在旅行的旅者，他們多半是一邊工作一邊旅行，這種類似吉普賽的日子有時真叫人羨慕。

原來那兩個紐西蘭朋友也與我們住在同一家guest house裡，那天晚上，我們幾個外國旅者便在那裡聊了一陣子，一起聊天的還有一個在當地作研究的泰國女大學生，她對於我來自台灣的印象很深刻，因為她一知道我來自台灣後，便衝口說出一個當紅的台灣偶像團體F4，然後兀自笑得開懷，完全沒想到台灣藝人在泰國竟然如此熱門，許多泰國城市都可以見到台灣偶像藝人的海報。

睡覺之前，我們幾個說好隔日一早就租機車去看火山上的神廟。

那晚，我們聽著牛蛙蛙鳴聲入眠。賓館旁有一片池塘，入夜之後，牛蛙便開始呼朋引伴，此起彼落的響亮蛙鳴一合唱便到破曉時分。在寂靜的夜裡，雖然那蛙鳴猶似洪鐘，卻不覺刺耳，恍若那是一種和諧的催眠曲，很熱帶的異國經驗伴著聲聲蛙鳴，靜靜地沉落在睡夢中。

那一大早六點鐘，法國朋友比我們先走，之後，我們四個外國旅人騎著向guest house租來的機車往26公里外的神廟出發，那是我第一次在泰國騎機車，感覺很詭異，因為泰國的駕駛方向靠左，一開始覺得很不習慣，總是看到對向有來車之後，才猛然發現我是在逆向行駛，騎了一陣子後才逐漸習慣靠左駕駛這一回事。

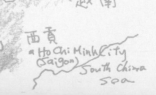

1. 泰國Khorat市火車站外的蒸氣火車頭，泰國
是個戀舊的國家，在很多火車站都能看見昔
日蒸汽火車頭的身影。

2. 娉邁高棉神廟正殿旁較小的神龕。

3. 帕濃藍神廟正殿的側門。

4. 帕濃藍神廟正殿的男性守衛雕刻。

5. 帕濃藍神廟山下的小型神廟。根據資料顯
示，在古代高棉帝國時期，邊境上有多達
一百多座這樣的神廟。

我們一路前往山上，路是愈來愈高，那火山其實並不高，但是蜿蜒的路途卻不算是好走，加上我一直還在習慣靠左騎車的問題，所以感覺上26公里的路似乎很長。

帕濃藍：火山上的赭紅色神廟

建在火山上的帕濃藍神廟與娉邁神廟年代相仿，帕濃藍神廟建於西元十到十三世紀，兩座神廟都是泰國境內目前保存較為良好的高棉遺跡。

「帕濃藍」在高棉語裡意為「崇高的山」，如此的命名，大約與它的地理位置相關，而當時的人們認為從山下到山頂意味著從凡世走進了天堂，因此其地位十分的神聖，帕濃藍神廟的佈局也與吳哥窟類似，例如巍峨的須彌山與代表海洋的四圍水池等等，那些佈局其實都在演繹印度教裡宇宙的概念。

帕濃藍神廟是一座祭祀印度教神祇的廟宇（雖然關於這點有些爭議，有泰國學者認為是佛教的廟宇），而當今信奉小乘佛教（Theravada）的東南亞在古代，也都經歷過信仰印度教的過程，高棉王朝便是此種演變的最佳範例，古時的高棉王朝初期信奉印度教，之後佛教傳入後改信佛教。

因為信奉的是印度教的神祇，所以，在帕濃藍神廟內，你會發現那些塔裡供奉著一頭牛與陽具，在印度教裡牛是神聖的動物，而崇拜陽具則是為了祈求豐收。

前往帕濃藍神廟的蓮花型門楣雕刻。

帕濃藍神廟前參道的蛇神石雕，泰國境內的高棉遺跡普遍保持得相當不錯。

1

2

1. 瑪它神廟內的神龕，每一座神龕代表一位神祇。

2. 瑪它神廟壯觀的水池。

3. 瑪它神廟正殿門楣的近景，可見精采的石雕藝術。

4. 從另一個角度看過去的瑪它神廟全景。

5. 瑪它神廟附近的水田，適逢插秧季節。

6. 瑪它神廟附近的鄉間景色，途中可見泰國鄉下的高腳屋。

帕濃藍神廟不僅供奉的神祇特
別，建築也很特別，因為神廟位於火
山之上，於是，當時的高棉統治者就
地取材，以火山噴發後的火成岩為建
材，如此一來，整座神廟透著赭紅的
溫暖色調，這樣赭紅色的高棉火山神
廟在泰國與高棉境內均殊為少見。

1. 帕濃藍神廟裡的浮雕。
2. 帕濃藍神廟正殿旁的神龕，根據說明告示牌
　顯示，它應該有藏經閣的功能。

2

帕濃蔴神廟裡祭祀的聖牛難迪，祂是濕婆神的座騎。

　　由於神廟位於火山的山丘上，想要登臨神廟，那得爬上一段階梯，歷經千年來風雨摧殘的神廟依然在陽光下耀眼，那些遺址有的帶著蓮花的模樣，有的攀附著五頭蛇神，高高聳立的塔身則是古代高棉人的石雕傑作，那裡有許多印度教的神話故事，神廟附近的諸多建築都有其特殊功能，如藏經閣與皇族的更衣室等，繞著神廟走一圈，便能體會昔日皇族到此參拜的盛大情景。

瑪它神廟的全景。

瑪它遺跡：一個被荒廢的年代

我們在參觀了帕濃藍神廟之後，便轉往了附近的瑪它。

瑪它也是屬於供奉印度教神祇的神廟，建築年代與帕濃藍神廟相當，比較特別的是，瑪它神廟被水池圈繞在中央，那別出心裁的水池由兩頭五頭蛇神的蛇身護衛著，石頭砌成的蛇身就環繞在神廟的週遭。只見池水裡一朵朵荷花漫開，陽光照得鎂光粼粼，盛夏的陽光靜止的，水面連一點的漣漪也沒有。

在神廟裡穿行的人顯然也不多，偌大的神廟始終只有我們幾個在那廊與廊之間遊蕩著，或者外國旅者並不時興緬懷從前的故事，他們或許鍾愛於泰國的戶外運動，諸如攀岩與泛舟之類，他們可能都往泰國北部走吧！那裡的天氣涼爽，遊人多如牛毛，而此區的高棉遺跡也就靜靜地宛如從前被荒廢的年代，如此也好，因為我們原本就想避開人群的，前來憑弔這千年來的遺址，又何須太多的呼朋引伴呢？

卷五 金邊的
兩次 暖爛

大概是已經習慣於旅行了，
每當將行李卸下時
總還有一種隱約的悸動，
或許是一種心繫流浪的鄉愁，
一種貪戀晃盪況味的不捨。
我，幾天前才從柬埔寨歸來。

　　登機前的check-in竟然
被航空公司的地勤認出來，
這倒是很意外。

　　「你不是一直都在歐洲
跑嗎？」她笑嘻嘻地問我。

　　SARS讓整個航空界沉
到了谷底，長榮的MD90客
機上只坐了大約五成的旅
客，多半都是台商，也有一
些返回柬埔寨的外籍新娘，
而旅者大概就是我一個吧！

　　那三個多小時的航程
裡，會通過我國的最南疆東
沙群島，機師特別通知旅客
往窗外看看那並不起眼的小
島；而當飛機降落在金邊
（Phnom Penh）機場時，窗
外是一片熱帶的景象，高聳
的椰子樹與藍天互相輝映，
規模不大的機場旁停了大約
十多架的米格21（Mig-21）
與幾架的米式（Mi）直昇
機，我想，這些裝備大概也
就是整個柬埔寨的空軍軍力
了，那些俄式武器也讓人輕

早晨繁忙的金邊市。

易地聯想到柬埔寨曾經也是共產集團的一員。

　　進入柬埔寨是一件很惱人的事，倒不是燠熱的高溫，也不是
擁擠的人潮，而是機場海關內貪污腐敗的警察，進入柬埔寨的落
地簽是20美元，但是所有的旅客都必須付上25～27美元才能順利
通關，那些警察不但貪得理所當然，也毫不避諱的向所有的外國
人勒索。

2003年金邊市內湄公河畔結婚的人們，今日柬埔寨人結婚的習俗喜愛穿白衣。

　　我也曾在埃及遇過貪污的機場海關，當時的我堅決不行賄，並向機場的管理人員反應，結果是我順利地通關，機場管理人員還向我致歉；但是，在柬埔寨就並非如此，因為機場所有的警察是一丘之貉，而所有的台商在通關時也都知道塞上2元的美金行賄，大概就是所謂的姑息養奸吧！這種情況，聽說在從前的泰國海關也是很平常的。

過了警察那一關後，還有一道擁擠的填表過程。

由於SARS肆虐，柬埔寨官方也不得不加強檢疫。排隊的同時，我才發現那些台商們都有住宿金邊的證明，當那位操中文的官員詢問我住宿何處時——

「我還不知道！」我答道。

「那麼，有人邀請你來嗎？」他接著問。

「也沒有，我是來旅行的。」

我的答案似乎讓他吃驚也讓他有些為難，但他的態度倒是很客氣，後來他問我，是否有任何可以連絡到我的電話號碼，為了不浪費彼此的時間，我只好把我的手機號碼寫給了他，其實我根本不帶手機旅行的，再說，我的手機既沒有申請漫遊，也早就關機了。

我看見埃及的調調

柬埔寨境內嚴格說來，只有大城之間才有大眾運輸，而城市裡的交通只有人力車、摩托車與計程車可供選擇，雇一輛摩托車從機場到金邊市區的車資是美金2元。

使用美金計價，也是柬埔寨的一大特色。他們不僅對外國人使用美金，本國人之間的交易也能以美金計價，柬埔寨的當地貨幣稱為「里爾」（Riel），1美金可兌換4000里爾，與中國大陸相較，柬埔寨的物價因為多半以美金計價所以貴上了一些，但一般而言，兩地的消費相差不多。

金邊機場到市區的路不算太遠，途中的所見所聞很是新鮮，那些稍稍破舊的低矮房舍就羅列在路的兩旁，路旁也有一些台灣

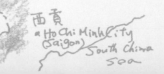

一貫道信眾所開設的佛堂，據說，一貫道在柬埔寨也有許多的傳道所，在機場通關時也曾與一貫道的信徒相遇。

　　柬埔寨剛脫離戰火不久，所以整體建設非常遲緩，在金邊市區裡，許多街道仍是泥土路，偶爾也看見牛車在路上慢慢拖行，感覺真的有些像是在埃及，埃及的開羅也有這樣的調調，不過開羅比金邊大多了，金邊人口大約只有一百萬，但是，在金邊卻不覺得那是一個一百萬人口的首都。

　　我在一處叫Diamond Guest House的住處下榻，在金邊有許多Guest House（小型家庭旅館），這種型態的住處類似於youth hostel，在英國也常常見到。那個午後，我把行李安頓好之後並沒

湄公河畔的孩子們，那天傍晚有祈福活動，幾個孩子玩得正開心。

有出去逛逛，外頭炙熱的陽光讓我寧願躲在有電扇的斗室裡涼快，直到那天的傍晚我才懶散出門，隨意地閒晃著。

Diamond Guest House的附近便是皇宮與博物館，再稍遠的地方是湄公河畔，傍晚的金邊最是熱鬧，湄公河邊早聚滿了人潮，都是貪著河邊的涼快而來的人潮，河邊也是金邊消費最貴的所在，只有外國人會出入的pub就群聚在河邊，法國殖民時期所興建的建築物就集中在那裡，多數造訪金邊的西方人喜歡在那裡看湄公河的落霞。

柬埔寨的華人不少，他們的祖先多半來自廣東的潮州。

金邊市內就有潮州會館，柬埔寨的華人絕大多數都是以經商為生，老一輩的華人依舊操流利的國語與潮州話，金邊市的許多店家或飯店的招牌上就是以中文書寫的。那個晚上，我在一家華人開設的雜貨店內兌換美金，老闆娘告訴我金邊最近的治安很差：

「你自己一個人出門要特別注意，晚上要儘量避免出門，即使出門也要避免走在暗巷裡，金邊最近常常在晚間發生搶案，被搶的都是觀光客！」

老闆娘看著我的相機背包好心提醒我，我也就特別小心起來；不多久後，我到了一家當地人開設的餐廳用餐，那位餐廳的老闆以英語告訴我，三天之前，有歹徒佯稱要買香菸而在他的店

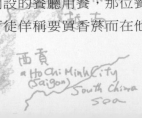

入夜後的金邊街景，數量龐大的摩托車是東南亞國家的特色。

金邊的天氣過於炎熱，連孩子們都貪著涼玩著水。

內行搶，受害者是一位美國觀光客，金邊的晚間之所以不安寧是很容易被理解的，因為金邊的基礎建設依舊缺乏，許多巷弄並沒有路燈，歹徒行搶後只要躲入暗巷是很容易逃逸的。

　　儘管柬埔寨百廢待舉的社會狀況，然而她的媒體卻很發達，在住處的有線頻道上可以看見周邊國家的節目，包含香港、越南、泰國、大陸、臺灣的電視節目，除此之外，法語、義大利語及德語等節目也不遑多讓，至於CNN、BBC、HBO也能輕易地在頻道上找到。

　　有趣的是，因為柬埔寨國內的自製節目太少，所以，他們進口了許多外國節目然後再配音，我就看過不少年代久遠的華語片

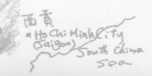

配上高棉語在柬埔寨頻道上出現。

一位母親的淚水

　　隔日一早，那個載我從機場到市區的摩托車司機依約前來。

　　我們約好由他載我到市區各個地方晃晃，一般而言，如果只在市區內晃的車資大約是6塊美金，如果除了市區外還要到萬人冢（killing field of Choeung Ek）的話，就要8塊錢的美金，基本上，雇摩托車是不論時間長短的，一整天下來就是6～8美金。

　　那種摩托車與台灣常見的商用摩托車一樣，事實上，在柬埔寨境內要看到臺灣出口的二手機車也不是太困難，許多二手的野狼125機車就還在柬埔寨的惡劣道路上奔馳，在柬埔寨，機車是很平常的交通工具。

　　我的司機今年四十多歲了，是個小學老師，教的是低年級孩子的語文。他說，柬埔寨的低年級小學生從早上7點上課到9點下課，所以他才有時間賺外快。他的摩托車是新的，而且他也有駕照，他得意的拿著他的駕照給我看，因為在柬埔寨境內無照駕駛是很普遍的事，我也曾經見過十幾歲的孩子駕著卡車，看著看著不禁叫人冷汗直流。

　　我吃著早餐與我的司機閒聊，由於他略通英語，所以基本上的溝通不成問題，要找到一個懂英語的人在柬埔寨不是一件容易的事，或者應該說在其他非英語系國家也是如此。

　　在柬埔寨，你會發現懂法文要強過懂英文，原因在於柬埔寨長期被法國統治，柬埔寨老一輩的人依然懂得法語，在柬埔寨的

許多場合裡不見得有英文說明，即使有了英文說明卻經常是誤用了字彙，但是法文便不同了，因為在絕大多數的情況下都能見到法文說明，也因此法國的旅者在柬埔寨也算是常見。

　　我吃著法式鬆餅早餐的同時，我的司機與我聊起了他的故事。

　　1975～1979年，血腥波布（Pol Pot）統治柬埔寨期間，他當時只是個未成年的孩子，就是因為未成年所以逃過了被屠殺的浩劫，不過，他的哥哥就沒有這樣幸運了。

　　他的哥哥當年19歲，波布的共產黨士兵從他家中把他的哥哥拖走時，他的母親傷痛欲絕，因為她已經失去了丈夫，當時又失去了長子。他說即使到了今天，只要提起了那段悲慘的往事，他的母親依然會掩面痛哭。

萬人塚內的骷髏頭，這些骷髏頭被依照年齡分門別類地排列著。

萬人冢：殺戮戰場的斑斑血淚

因為對萬人冢的好奇，我決定先到那裡去。

事實上，我之前對柬埔寨的印象，除了吳哥窟之外，就是那部有名的電影——《殺戮戰場》，電影裡的陳述的確令人不寒而慄，在人類文明已經進入了二十世紀後，很難想像人性可以如此殘忍與血腥。當年受中國共產黨扶植並奉毛澤東為宗師的波布政權，在短短四年期間，便殺害了大約二百多萬的柬埔寨人民；其實，很多當地人說不只二百萬，因為當年的大屠殺根本沒有詳細的統計，很多人橫屍在荒野連屍首都沒有埋。

前往萬人冢的路況也非常差，基本上，那只是一條坑坑凹凹塵土飛揚的土路，兩邊散落著一些小村落，那些小村落的生活環

萬人冢內基本上維持著與當時一樣的情景，那些用來埋葬受害者的坑還依照原樣保留了下來。

境看來都很惡劣，鄉間風景儘管美麗但卻帶著幾分哀傷；高聳的椰子樹與成片的樹林佔據著鄉間的土地，艷陽下的綠野，成群的牛隻與雞鴨漫步，就是如此的風景，讓人無法相信那樣的鄉間曾是大約一萬七千多人慘遭屠殺的處所。

在波布統治期間，萬人塚是處決人犯的刑場。

犯人多數來自於金邊市的 S-21監獄，人犯當中男女老幼皆有，他們之中多半都是共產黨所深惡痛絕的知識份子，S-21監獄如今已經改建成「波布戰爭犯罪博物館」。S-21監獄的前身其實是一座高中，波布當年在S-21監獄以各種酷刑折磨受害者。

我在金邊停留時，我的司機強烈建議我去參觀S-21監獄，但我最後還是決定不去，因為那種冰冷的場景絕對會讓人不寒而慄，我無法想像當年受害者被雙手反綁以利刃慢慢刺殺的畫面，我也無法想像當年受害者無助慘痛的呻吟，我的確到了S-21監獄的門口，可是最後我還是裹足不前。

如今萬人塚的紀念塔裡，依舊陳列了八千多個依照性別與年齡歸類的頭骨，艷陽下的殺戮戰場有一種令人汗毛直豎的寒氣。就在離紀念塔不遠的樹林裡，有許多當年草草埋葬受害者的大坑，那些坑每個都埋著上百個受害者，有些坑埋的是赤裸的女性，有些埋的是慘遭砍頭的無頭男性，有些埋的則是年輕人。

樹林裡有一棵大樹，當年是用來將受害者綑綁在其上的，那時的赤棉共產黨士兵將受害者綁在樹上然後鞭打受害者，最後殘忍的將他們的頭砍下。當年的受害者，除了共產黨人仇視的知識份子與資產階級外，還有一些外國人被以間諜罪處死。

當年崇拜毛澤東的波布，最後被入侵的越南軍隊驅逐到泰國與柬埔寨的邊境叢林裡，當1988年他的死訊傳出後，很多柬埔寨人民還心有餘悸的懷疑消息是假的，而波布終其一生未曾被逮捕受審。

銀閣寺：華麗輝煌柬埔寨第一

很多觀光客認為，金邊著實沒有什麼可看性，甚至他們往往會直接搭機到暹粒去，因為暹粒是吳哥的所在地。或許他們也是對的，因為嚴格說起來金邊市並無特別可看之處，市區內最吸引人的該是皇宮與銀閣寺（Silver Pagoda），至於位在皇宮與銀閣寺附近的博物館當然也不能錯過。

皇宮與銀閣寺其實是相連的，門票也是相連的，門票是美金3元，另外攝影門票是美金2元，老實說不太理解為何攝影都要付錢，柬埔寨好像也已經與大陸看齊了——很多地方都要收門票。

金邊市內的佛寺（Pagoda）多半都要門票，而且只對外國人收門票，銀閣寺是金邊市內最輝煌的佛寺，因為它就位於皇宮旁，從前是皇家成員崇拜禮佛的場所，所以感覺上它的確有一股帝王之氣。

銀閣寺是一座由五千片銀瓦覆頂的廟宇，其華麗與輝煌堪稱柬埔寨第一，每片銀瓦重約一公斤，廟宇裡面的地板也是純銀打造，所以被稱之為「銀閣」。

銀閣寺建於1892年，是由當時的國王諾爾丹（King Nordom）所下令興建的，1962年銀閣寺重建，不過在血腥波布統治柬埔寨

時期，銀閣寺慘遭浩劫，寺內珍寶幾乎被波布及其黨羽掠奪一空；儘管如此，還是有一些寶物被幸運的保留下來，包括一座鑲有九千多顆鑽石的金佛，此外還有鑲金壁畫、大理石佛陀及從前外國元首餽贈柬埔寨的禮物等等。

高棉皇宮：一整片金碧輝煌

皇宮，是了解柬埔寨歷史的一個好去處。

目前的皇宮，感覺上已經成了皇家博物館，皇宮內的陳列全是昔日皇家生活的點滴，包含皇家日常生活所用的各種器皿、皇家生活的相片展覽等。而現任的柬埔寨國王其實並不住在皇宮裡，因為複雜的政治因素，現任的國王目前滯留在北京，即使如此，國王與皇后還是頗受柬埔寨人民愛戴，皇宮外就有一幅皇后的巨幅照片，而在許多地方也都能常見到國王與皇后的合照。

皇宮是一整片金碧輝煌的建築物，而在一片高棉式皇宮建築裡，最特別的建築物是一棟法國拿破崙式的別緻小館，那也是殖民時期的產物，那棟別緻小館裡陳列的也是昔日皇家的使用器物。

金邊的皇宮最早建於1818年，其規模有二十餘座大小建築，西元1919年由施亞努國王改建，不過，整座皇宮也在波布統治期間幾乎被破壞殆盡，宮內的珍寶也被洗劫一空。目前皇室成員有些依然住在皇宮內，因此皇宮內不是每個地方都開放參觀的。

午后的銀閣寺與皇宮一隅，大體而言，東南亞的宗教建築都十分相近。

2003年金邊市內湄公河畔的大道，當時皇宮前懸掛的巨型照片還是當時的國王與王后。

1. 2005年金邊的湄公河畔。

2. 從拿破崙館看過去的金邊皇宮。

3. 殘破法國殖民時期建築的近景，當時的盛大早已不復見。

4. 金邊市內市場裡販賣的鮮花，當地人虔誠禮佛所以鮮花的銷售量很大。

5. 金邊市內皇宮的門口。

6. 2005年的湄公河畔，圖中男子所使用的圍巾是柬埔寨境內常見的樣式。

市集：吃遍中、法、泰、越式小吃

市場，是另一個體驗金邊生活的最佳所在。

我喜歡趁著傍晚稍涼的天氣徒步到住處附近的市集，汲取一些真實生活的熱鬧氛圍，有時，下雨的午後讓市集充塞腐爛蔬果的味道，氣味是有些令人作嘔的，但當地人早就習慣了這種午後陣雨的型態。

市集裡販賣的水果種類不少，比較特別的是波羅蜜，那是一種類似榴槤的巨大水果，味道很清香，雖然我已經見過波羅蜜，而且也嚐過那種熱帶水果，事實上我家附近就栽有一棵波羅蜜樹，不過在市集裡看到一整卡車的波羅蜜，這還是第一次。

當地人不僅把波羅蜜當成水果，也把它當作主食，因為波羅

這也是當地人嗜吃的昆蟲燒烤之一，通常外國人是沒有勇氣嚐試這些昆蟲小吃的。

蜜的果肉熱量極高，吃了半顆後多半也就飽了。當地的波羅蜜依大小定售價，大的波羅蜜約有二顆榴槤這麼大，大約一元美金，那晚我買了一顆小的，花了我半塊錢美金。

　　市集裡的小吃也不少，有許多類似中國菜的麵食，比較特別的是以法國麵包當材料的柬埔寨三明治。由於法國殖民的歷史，所以柬埔寨的吃也帶有法國風味，而且一般的餐廳裡都有French Fried這道菜，French Fried就是所謂的法式炒燴。

　　金邊的市場不少，規模最大的是「中央市場」。

　　中央市場是在1937年由法國建築師設計並施工建造的，外觀特殊，遠望倒像是一座體育館；中央市場裡的食物也是最便宜的，那天我的中餐就是在那裡解決的。

中央市場內的圓頂。

　　我的司機告訴我，那裡的菜色物美價廉，果不其然，我們兩個吃上一頓中飯只消美金不到2元，飯與蔬菜沙拉是免費的，連茶也是免費的。當地的喝茶習慣，是將冰塊先倒入杯中然後再倒冷茶，他們喝的也是中國茶。

　　我的司機為我點了一碗魚湯與一盤炒蛋，他說柬埔寨的口味與鄰國的泰國、越南相似，他也說柬埔寨的菜色比較折衷，有些酸但是沒有泰國菜的酸，因為柬埔寨境內有為數眾多的越南人，而柬埔寨又緊鄰著泰國與越南，柬埔寨的口味因而揉合了鄰國的風味，其實不僅僅是泰國與越南，柬埔寨境內的華裔居民也讓柬埔寨菜更具多元化。

　　那碗鮮美的魚湯的確叫人胃口大開，酸酸的味道裡有一種魚的甘甜，而那盤炒蛋則更具特色，因為蛋是與起士一起炒的，這種炒蛋怕是柬埔寨獨到的做法吧！

　　吃著午餐的同時，我的司機指著餐廳內的神龕說這家人有華裔的血統。

　　「這家人有『公媽』，所以他們必定是華人」我的司機說著。

　　而所謂「公媽」的發音與閩南語一模一樣，我猜也與廣東潮州話一樣，「公媽」就是類似祭拜土地公的小神龕，在柬埔寨許多人的家裡都有「公媽」，我下榻的guest house也有「公媽」。

　　後來，我和guest house的主人聊起，他說他的祖父是華人，但是他們這一代已經不會說中文了，他也說和他有類似血統的柬埔寨人不少，後來他還笑著說，有些柬埔寨人認為具有華人血統的柬埔寨人比較聰明。

金邊2005年與有毒的山丘S-21

第二次進入金邊是從暹粒過去的，2005年1月，我們從曼谷一路奔馳到泰柬的邊境城市亞蘭（Aranyaprethet），接著驅車前往暹粒，這一路好似蠻荒的探險，說是蠻荒雖然有些言過其實，但是車子一進入柬埔寨邊境，你就會發現泰柬兩國存在著多麼大的差異。

從邊境到暹粒的路是一條土路，在那條不算道路的道路上，即使艷陽高照的晴朗天氣裡也要將車燈打開，因為漫天的黃沙會讓司機目盲，我們當時以一人200泰銖的代價搭上了那輛小巴士，車上的每個旅者都一臉倦容，車上空調十分遲鈍，往往感覺不出真的有空調，但是又無法打開車窗，因為漫天的風沙會捲進車內。

在那條土路上也不存在著交通規則，搭載各國旅人的小巴士在坑坑凹凹的黃土地上飛奔，大家都在比技術，不管是超車或閃避坑洞，那些可以稱得上亡命的司機個個奮勇向前。

所幸在一月的乾季裡不存在著涉水過河的問題，橫在路上的斷橋對那些技術高超的司機來說，根本算不上威脅，他們懂得左轉又轉繞道通行，於是在倉促之間，我們竟然有幸在玉米田裡橫行，竟然有幸在稻田裡飛奔，看著一路西斜的落陽。

這次的通關倒是很順利，沒有第一次在機場所遇見的那些貪婪警察，只不過，因為通關的旅者實在太多，我們在入關時竟然枯等了近一個半小時。在那個沒有空調的空間裡，那些扛著登山背包的旅者人人汗流浹背。

據推測是因為南亞的海嘯使得原本在泰國的旅者轉向了柬埔寨，也因為拜海嘯所賜，當時想在曼谷辦的柬埔寨簽證也出了問

題，因為實在是太多旅者辦簽，當時的柬埔寨大使館沒有辦法處理過量的申請，於是我改在柬埔寨邊境辦簽。

有趣的是，當時的柬埔寨海關警察看著我的護照，然後以很生疏的英語問我台灣有多少人口，恐怕是很少台灣的旅者從這裡進入柬埔寨吧！我猜。

我們在暹粒踏訪了那些遺跡，之後轉往了金邊，而我們前往金邊的目的之一是在那裡辦越南簽證，只需一天的時間，價錢也比台灣便宜很多，之所以辦越南簽證是因為我們將會從金邊前往越南的湄公河三角洲地帶（Mekong Delta）。

兩個小孩一邊吃一邊微笑

2005年1月的旅行，也是我旅行生涯中少見的跨四國之旅，我們從曼谷一路奔到暹粒，從金邊到越南，最後從越南進入廣西，這之間我得辦理四種簽證，工程之浩大甚至讓我覺得有些厭煩。

一開始，我們從台灣飛澳門先回到了小高的家鄉，接著從澳門搭乘亞洲航空的班機到曼谷，因著亞洲航空的便宜班機，我們選擇了飛往曼谷，然後從泰國陸路進入柬埔寨，我們並沒有太多計劃的，從澳門飛曼谷的機票才約合1700元台幣，在曼谷盤桓了數日之後，便搭車前往柬埔寨。

從暹粒前往金邊的道路，比起2003年我首次造訪時似乎改善了許多，那一路的驚嘆也始終少於從泰柬邊境驅車前往暹粒的那一段越野賽車。

2005年，我們住在一家許多西方旅者投宿的小旅店，原本想

再尋覓2003年投宿的那一家guest house，不過詢問了一些旅社之後，我們決定住在那一家名之為Royal的小旅店，投宿的地方雖然不同了，不變的是金邊炙熱的艷陽與雜沓的交通，空氣中還是瀰漫著燠熱的況味，重新回到金邊的我依然對這座城市感到好奇。

那幾日裡，我們去了俄羅斯市場（Russia Market），不過略顯失望的是那裡似乎與俄羅斯沾不上邊，湄公河畔還是一如往昔的熱鬧，各國旅者與當地人都喜歡在那裡閒坐。

我與小高經常在舊市場邊的一家潮州餐館用餐，2003年我在金邊的時候經常在那家小館吃晚飯，我記得那個老闆的女兒非常冷漠，雖然她也說著中文，但卻讓你感到意興闌珊，我和她的對話僅止於點菜，2005年的她一樣冷漠，她還記得我但是卻不以為意，這樣的旅行經驗也算是稀少吧！

我曾經在西班牙巴塞隆納的青年旅館裡遇見一個年輕的櫃檯小姐，她也一樣金口難開，除了回答問題之外，她甚至很少看著各國旅者說話，那個女孩一時也讓我意識到，在西班牙開朗的民族天性下也存在著惜字如金的女孩。

那幾天，我們常在市場邊的街肆吃冰、喝著奶昔、還有法式三明治，不過，這次卻多了一些意外的經驗。

有一日午後，我們照例在路邊的小攤上點了兩杯水果奶昔，正在暢飲之際卻有一位不速之客到來，他赤裸著上身，糾結髒亂的頭髮加上一身的黝黑說明了他的身分，他逕自拿起桌上的水壺猛灌，奇怪的是我們並不十分感到詫異，一直到老闆娘前來趕人，那位流浪漢才離去。我們之所以不太訝異，可能是因為在金邊也看過不少的乞丐了，只是沒想到他的動作會這麼大膽。

S21內一位雙手合十的當地導遊。

　　另一次的經驗是，某日晚上，我們正在吃晚飯的時候，鄰桌客人一起身後，伺機在旁的兩個小孩馬上將桌上殘餚一掃而盡，津津有味的神情讓人印象深刻，他們或許是太餓了，一邊吃一邊微笑著，看了雖然讓人心中不忍，但是他們的微笑也著實令人會心一笑，因為在他們的悲涼命運裡，原來還有童真的樂天知命，那之後

那位客人索性給他們一些零錢，兩個孩子拿著零錢快樂地離去。

2005年1月的那些日子，金邊的太陽照舊炎熱，只不過沒有盛夏的毒辣。

流轉頭骨蒼茫的顏色

S-21，又稱之為Tuol Sleng，在高棉語裡意為「有毒的山丘」。

原本在第一次不願參觀的S-21，也在小高的陪同下終於進了去，之前的考慮也在參觀的同時應驗了，S-21何止讓人不寒而慄，那裡簡直就是活生生的人間煉獄，那些枷鎖與牢房還有令人慘不忍睹的刑具，就像是鉗子將你的眼皮撐開，讓你看見一幕幕血淋淋的淒慘場面。那一張張受害者的照片，像一句句無聲的嘆息在每個房間幽幽地流轉，一具具頭蓋骨蒼茫的顏色沾著子彈的祛部A空間裡迴盪的不是旅者的竊竊私語，而是一絲冷冷的幽怨嘆息──渺小卻又深遠的嘆息。

S-21在血腥波布（也稱Khmer Rouge，「赤色高棉」）統治期間，被稱之為Security Office 21，而這也是它縮寫的由來，類似的地方在當時的高棉全國大約有四個，功能都類似──就是被當成審問政治犯及一切可能敵人的處所。

S-21的名稱曾經數度更迭，在1962年它被稱為Ponhea Yat高中，其實S-21的前身原本就是一所高中，在1970年代它被稱為Tuol Svay Prey高中，到了後來又稱為Tuol Sleng高中。

S-21坐落於金邊市的南邊，其面積為24萬平方公尺，在血腥波布統治期間S-21的周圍均佈有通電的鐵絲網以防止有人潛逃，

而S-21範圍內的四棟建築物則分別被當作審問、刑求、共黨辦公室等用途。

當時的Tuol Sleng高中的所有教室均被改裝成囚房，窗戶都用鐵條與鐵絲網封死；而囚房又分成個人與集體的囚房，個人的囚房僅僅0.8 × 2平方公尺，而集體的囚房則擁擠到只有8 × 6平方公尺。

有些囚房設計成囚禁女性的受害者，原本審問女受害者的房間是在S-21內周圍的建築裡，後來因為那些女受害者在審問之前往往先遭到審問者的強姦，在1978年，S-21的頭子達赫（Comrade Duch）便決定將B棟建築改成專門審問女受害者的處所，以便能夠控制整個審問的過程。

當年的S-21隸屬於赤棉的中央委員會與國防部，達赫受當時赤棉的國防部長Comrade Son Sen alias Khieu之命成立S-21系統，Comrade Son Sen alias Khieu的中文譯名為「宋先」，宋先有個別名為「第八十九兄弟」。

宋先早在1950年代便獲得一份獎學金，遠赴巴黎攻讀歷史與哲學。在留法期間，他結識了一些後來成為赤棉領導中心的同胞；也就是當時這些柬埔寨留學生在巴黎加入了法國共產黨。

宋先的地位在赤棉之中一直歷久不衰，但是諷刺的是，他最後也被自己的「兄弟」波布鬥死，而達赫這個殺人魔頭在加入赤棉前是個數學老師。早先他在1950年代取得了一份獎學金，並且在高棉磅通省（Kampong Thom）的學校教授數學，在他成為一名共產黨徒之後遭到政府的拘捕，最後，被釋放的他潛入了叢林而不知去向，直到赤棉掌權之後，他搖身一變成了秘密警察的頭子。

在1979年，宋先與妻小神秘地從S-21消失，下落不明，一直到了1996年，據稱有美國的傳教士在柬埔寨的西北部為他洗禮，一位曾經屠殺過無數生命的魔頭最後皈依了基督教。到了1999年4月，一位記者發現了他過去的真實身份，當時的他是一名醫療護理員，之後他就被柬埔寨警察逮捕並監禁在金邊的監獄裡。

S-21內負責審問犯人的赤棉共黨黨羽，當時以許多年齡介於10～15歲的孩童為守衛。在赤棉的訓練下，這些純真的孩子成了殺人不眨眼的惡魔，你很難想像，那樣年紀的孩子會將受害者雙手倒吊綁在竹竿上，然後為了讓意識昏迷的受害者清醒過來，再將他們的頭浸在裝滿尿與糞的桶子裡，而這種惡行不過是他們平常用來訓練折磨受害者的練習而已。

這些孩子也參與了當年的虐待與屠殺，他們以鐵條與木棍活生生地將已經飽受折磨的受害者打死，有人說，共黨將所有人性的黑暗面徹底地挖掘出來，即使是這些純真的孩子，在經過共黨的訓練之後，竟然可以成為令人無法想像的惡魔。

在S-21內並沒有醫院，所有受傷的受害者只能接受一些簡單的治療，而那些負責治療的看護竟然也只是那群孩子們，他們根本未曾接受過醫療的訓練，更遑論可以幫受害者治病了，所以在S-21內受傷或者染病的受害者最後只能慢慢等死，有些受害者在受不了折磨之後竟選擇了自殺，以求解脫。

那些受害者來自高棉各個地方，形形色色的人都有，許多是老師、醫生、官員、外交官、學生甚至於農夫、工匠等等，有許多受害者是整個家庭甚至包含剛出生的嬰兒都被囚禁在S-21內；受害者當中也包含了外國人，這些外國人通常是被共黨以間諜罪

或反革命罪拘捕，國籍包括越南、寮國、泰國、印度、巴基斯坦、英國、美國、加拿大、紐西蘭、澳洲等國家。

根據統計，1975年，被囚禁於S-21的受害者僅有154個，1976年有2250個受害者，1977年有2330個受害者，到了1978年的高峰期已經有5765個受害者，而總人數10499的這個數字尚未包含在S-21被共黨殺死的孩子們，這些孩子據估計應該有2000個左右；這些受害者大多被囚禁2～4個月，不過有些重要的政治犯則被囚禁6～7個月；住在個人囚房內的受害者以腳鐐鎖在牆壁上以防止脫逃，而被囚禁於集體牢房的受害者，則以鐵板將各個受害者的腳銬連起來。

在囚禁受害者之前，S-21內的赤棉會先將他們拍照存檔並詳細審問他們的個人資料，接著受害者會被強迫脫掉所有的衣服，這種個人資料的紀錄從孩提時代一直到被拘捕的那一刻為止。

拘禁於S-21內的受害者每日均在赤棉的嚴密監視之下，通常一天之內例行性的監視有4次。在接受檢查時，受害者被要求將雙手放在背部之後，接著同時高舉已經鎖在鐵板上的雙腳，這麼做

1　2

1. S21當時也拘禁了少數的外國人，他們多半被判以莫名的間諜罪而最後慘遭殺害。
2. S21內當時使用的腳鐐，腳鐐旁即是魔頭波布的肖像。
3. S21的外觀與一般學校無異，但在當時卻是慘絕人寰的人間煉獄。
4. S21的小型牢房，當時用來拘禁一些政治犯。
5. S21的一個角落，角落的櫥窗內擺著無數的骷髏頭，牆上的地圖也是以骷髏頭拼成的。
6. S21的牢房一景，整座S21至今仍瀰漫著一股肅殺之氣。

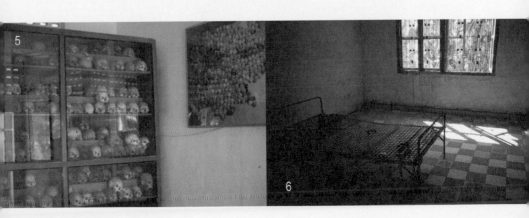

當地的導遊為西方旅者講述當時的慘況，牆壁上的受難者似乎無言地聽著屬於他們的那一頁悲慘歷史。

是為了檢查鐵板是否有鬆脫的現象。

　　不過，有時候共黨會施以特別的檢查。每日清晨四點半，這些受害者便會被叫醒，接下來他們被要求脫下褲子直到腳踝，以供監視他們的赤棉共黨份子檢查，然後他們被要求做一些運動，諸如移動雙手與雙腳達一個半小時——即使他們的腳其實已經被鎖在鐵板上。

　　S-21內審問受害者的規則被寫在囚房的小黑板上，那些規則如下：

　　（1）你必須回答所有我的問題，並且不能轉移話題。

（2）禁止隱藏任何事實，並且不能以任何藉口搪塞我的問題。

（3）不要試著裝傻。

（4）也不要試著拖延回答的時間。

（5）不要跟我談論你的不道德或是關於革命的事情。

（6）在審問過程當中被鞭打及電擊時不准哭泣。

（7）在審問過程中必須坐直靜候我的問題，如果我沒有問你時
　　　也不准你發言，當我問你時你必須以正確的方法回答，並
　　　且禁止一切的抗議。

（8）禁止以任何藉口隱藏自己的罪行。

（9）如果你不遵守以上我的規定，你將會受到嚴厲的處罰。

（10）如果你違反任何一點我的規定，你會遭受到十次的鞭打
　　　或者五次的電擊。

　　受害者無論做什麼舉動之前都必須詢問守衛，即使只是換個
姿勢睡覺也是一樣；至於淋浴的問題，在S 21內則是相當簡陋，
守衛不過是把水短暫地灑進囚房罷了。這樣骯髒的環境自然容易
染病，所以，被囚禁於S-21內的受害者，絕大多數都有皮膚及其
他各種疾病。

　　赤棉瓦解之後，S-21在1980年代被改成戰爭紀念館，在早
期參觀S-21的群眾多半是本國人與一些來自共產集團國家的外國
人，諸如越南、蘇聯、寮國、匈牙利、波蘭等鐵幕國家；但是，
自從1993年之後，柬埔寨的政情趨於安定，國內交戰的各個派系
簽訂了停火協定，象徵民主的選舉也在聯合國的監督之下舉行，

這時的旅者則廣泛來自西方與亞洲各國，其中又以台灣、日本、法國、德國、韓國、美國等為主要國家。

那天，當我們在S-21內參觀時，發現那些本地導遊其實就是當年曾被赤棉迫害的中年人，由他們口中所陳述的事實格外扣人心弦，當他們嚴肅講述著當年赤棉如何在S-21內刑求受害者時，甚至有一些遊客流下了眼淚，或者當他們講解赤棉如何利用一些慘不忍睹的方式折磨受害者時，甚至有些遊人幾乎嘔吐。

參觀的同時，我們也靜靜聽著那些導遊訴說著自己的悲慘故事。其中有一幕令我幾乎不忍卒睹，當時，導遊指著一具木製稍微傾斜的床，床上有幾個鐵扣用來鎖住受害者，房內牆上的壁畫說明著這個木床的功用——

S21 的三樓教室，在當時被打穿成為一間間大型的牢房。

當年的赤棉，把赤裸的受害女子綁在床上逼供，若是受害女子的回答令他們不滿意，那些喪盡天良的赤棉共黨便以早就放在炭火裡的鉗子，將受害女子的乳頭拔掉。更不可思議的是，在這種神人共憤的惡行之後，那些赤棉會將活生生的蜈蚣放在受害女子的傷口上鑽動，以增加她們的痛楚。就是這一幕，讓許多遊人幾乎嘔吐，說是膽顫心驚一點也無法形容那種罪行。

那些導遊無論男女，都曾經是赤棉統治下的見證者。他們之中有些說著當年被赤棉強迫遷徙到集中營的過程，他們被迫與家人分開，過著連畜生都不如的生活，最後苟且地活了下來，可是大多數的受難者呢？他們受盡折磨後死於集中營，或者不支倒地而曝屍荒郊野外。

S-21的建築物內，有一區展示著倖存者與當年赤棉迫害者的自白，位於建築物上層的房間目前展覽著一些倖存者與迫害者的臉孔與他們的告白，在兩造之間行走特別能感受到當年赤棉統治下的荒誕與悲涼。倖存者陳述著當年所受到的殘忍酷刑；而參與那些酷刑的迫害者，則帶著贖罪的口吻道出自己原來也是被赤棉所逼迫。

那些當年只是十多歲的孩子如今也成了中年人，他們個人的那一段慘無人道的歷史也永遠烙印在他們的心裡；而最荒謬的是，當年赤棉的那些魔鬼們竟然還有一些現在還逍遙法外，不知去向。

歷史的弔詭，始終纏繞著高棉這個悲哀的國家。

參觀S-21的那個午后，是個艷陽高照的典型東南亞天氣，但是在參觀完那一幕幕的人間煉獄之後，……連毒辣的艷陽都顯得衰弱無力。

吳哥窟

王家衛不愧是處理迷離感情的高手，
在電影《花樣年華》裡，
梁朝偉傾著身子，
對著吳哥窟神廟石壁上的一個小洞
傾吐他的心情故事，
天色將暗，吳哥窟彷彿罩著一層迷離的光紗，
沒有人真的知道梁朝偉對牆壁說了什麼，
但說了什麼或許也不是那麼重要了。

　　2003年的那天，我別了
金邊之後，搭上了清早的巴
士往暹粒（Siem Reap）。
金邊與暹粒，應該是柬埔寨
境內兩個僅有慣用中文譯名
的城市，其他城市多半就只
有英文譯名，暹粒在高棉語
裡的意思為「平定暹羅」，
由於古高棉人常與暹羅（即
今日的泰國）交戰，而暹粒
位居邊境是與泰國接壤的重
鎮，因此將此城命名為「平
定暹羅」之城。

　　在古代高棉帝國時期，
暹粒一帶通稱為「吳哥」
（Angkor），而今日柬埔
寨最為著名的古蹟吳哥窟
（Angkor Wat）即位於暹粒
市的近郊。其實，「吳哥
窟」這個譯名值得再三商
榷，道理很簡單，因為吳哥
並不像敦煌莫高窟一樣是個
窟，它是一座神廟而非洞
窟。

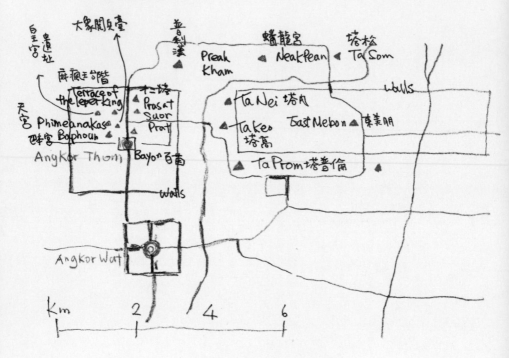

Angkor精華地區圖

Wat（法文拼作Vat）這個字，在泰語裡的意思是「有和尚居住的廟宇」，而Angkor的意思為「城市」，所以Angkor Wat這個名詞的解釋應該是「寺中之城」或者「城中之寺」。

即使不用義譯而以音譯的話，那麼，吳哥窟的譯法就更不合理，因為Angkor的英語發音或是法語發音都不是「吳哥」，所以不知道是哪一位前輩將Angkor Wat翻譯成「吳哥窟」，而大家不察的引用此種譯法，現今有人將Angkor Wat翻譯成小吳哥，將Angkor Thom分翻譯成大吳哥，這種翻法與事實出入甚大，就個人認為還是以原文稱呼比較精準。

2003年的暹粒適合閒晃

2003年第一次前往暹粒的路程很遙遠。

遙遠？其實是因為路況太差，早上八點發車的巴士到達暹粒已經是下午的四點過後了，扣掉午餐休息時間不算的話，從金邊到暹粒要大約七個小時。

就是因為公路運輸如此勞頓，所以很多旅者選擇了水路，柬埔寨境內因為有湄公河（Mekong River）與洞里薩湖（Lake Tonle Sap）的水利之便所以水路交通頗為發達。不過，水路的價錢比起公路昂貴多了，水路的船資是22美金，而公路只要7美金，但走水路的旅程可以縮短大約三個小時，沿途還可以欣賞河上風光與洞里薩湖的水上人家。

暹粒算是柬埔寨的大城之一，但是往來金邊與暹粒的公路在出了金邊不久後，便是一條沒有柏油路面的土路，巴士就在坑坑

凹凹的路面上行駛，揚起的黃沙經常遮天蔽日，這條路所經過的城鎮也幾乎都是凋敝破舊的，沿途經常可以看見衣不蔽體的孩子在路邊玩耍。但外人看來貧困的他們，卻有一種樂天知命的天真與無邪。

這一路上，也經常可見柬埔寨人民黨（Cambodian People's Party）的廣告，由於大選逼近，各政黨的招牌在城市與鄉間林立，不過廣告招牌最多的政黨還是柬埔寨人民黨，其他政黨的廣告僅僅是聊備一格。

現在的柬埔寨人民黨，即是脫胎自從前蘇維埃扶植的共產黨，黨主席韓森（Hun Sen）為當年蘇俄扶植的勢力；1993年，由於聯合國的調停介入，使得柬埔寨有了表面上的民主，當年的共產黨也因此易名為「柬埔寨人民黨」。

「其實，韓森已經掌權長達24年了，韓森統治柬埔寨的方式有點像是剛被推翻的伊拉克海珊，柬埔寨目前其他較有力量的兩個政黨都不足以與韓森抗衡，韓森肅清政敵的手段是絕不心軟的。」

與我同車的一位先生這樣告訴我。那位先生就坐在我的鄰座上，原本他以為我是當地人而用高棉語與我交談，後來知道不是後才改以英語與我聊天，他也有華裔的血統但並不會說中文，他的祖父是華人而祖母是高

棉人。在柬埔寨旅行了一段時間後，我發現柬埔寨的華裔通常已經不會說中文了，尤其是在與當地的高棉人通婚之後，會說中文的可能性更是低。

暹粒市場內所販賣的波羅蜜。

　　大概也是機緣吧！車上那位與我鄰座的先生，也就成了我在
暹粒的摩托車司機，他的為人與之前金邊的那位司機一樣厚道，
一般說來，在暹粒雇用摩托車到那些市郊的神廟遺跡一天大約是6
元，時間的安排則因雇主的要求而不同，那位先生的英語基本上
溝通沒問題。

　　暹粒的市容比起金邊要美觀多了，也因為暹粒是外國人造訪
柬埔寨的必到之處，市內的guest house據說就有一百二十多家，暹

1. 暹粒市的中央市場。
2. 暹粒市集的一隅。
3. 2003年從金邊前往暹粒途中所見一景。
4. 2003年從金邊前往暹粒半路上的一條大河。
5. 暹粒市的市集內，竟然看見了台北市政府警察局的
   公務摩托車。

粒飯店的等級也比較豪華，數量也遠較金邊來得多，基本上，暹粒是依靠觀光旅遊生存的城市。

　　至於暹粒的消費，就比金邊貴上了許多，甚至有些地方還比台灣昂貴，例如電信費與住宿費就比金邊貴上了一些，在柬埔寨境內可以供外國人上網、打國際電話的地方就是網咖了，不過那些店在金邊不算常見，在暹粒雖然網咖多了一些，但是價錢上貴了許多，特別的是那些電話全都是網路電話，效果不算太好，常常會出現通話延遲的現象，通話品質也比較雜，至於上網費用，兩地其實差不多，吃的方面也相差無幾，住宿的話金邊要比暹粒便宜，因為一樣的價格在金邊可以住進有電視的房間，而暹粒的guest house則往往將電視機擺在common room或是戶外的遮棚下。

135

在暹粒，最主要就是去看那些偉大不朽的神廟遺跡，而進入那些地區是需要買票的，大體而言，暹粒的觀光業吸金嚴重，因為參觀一天的門票是美金20元，三天的門票則是40元，此外，一週使用的門票票價是美金60元。

如果旅程不是太趕的話，應該要買三天或者一週使用的門票，因為那些遺跡在一天之內是看不完的，至少需要三天，不過，與埃及類似的是，那些神廟在型態上大同小異，若非真的潛心研究是很難在短時間內一窺其堂奧的。買門票時，必須要準備一張個人照，若是沒帶也無所謂，因為對方準備了即可拍相機可以馬上拍照，需要遊客照片的理由是進入那些地區時，大門的剪票人員需要核對遊客的身分。

2003年，我在暹粒的那幾天，整天徘徊在神廟之間。

我的司機也一路載我到各個地方瀏覽。每天與他分手之後，我便一人在暹粒市區裡亂晃，原本閒散就是我最擅長的旅行方式，我總是漫無目的地在各個地方踱步，看一城的幻化光影，也看那裡的風俗民情，暹粒顯然也值得四處閒晃的，只是當時的我並沒有到外國人最集中的巴士車站附近那一區閒晃，大約是懶散吧，總認為那裡可能充斥著老外而缺乏當地氣息。

2005年的蠻荒歷險記

2005年的第二次造訪，我們從泰國邊境一路到暹粒，這一路就像前文說的有些像蠻荒歷險，我們抵達暹粒時大約已經是晚上的九點了，那趟車程歷時約六小時，我們索性就在車子停下的旅店投宿，這其實也是巴士司機與旅店的交易吧！

　　只是我們倒不是太介意，談好價錢之後，我們以一天3塊美金住進去了，店家也是華裔還會說中文，只不過2005年的運氣沒有2003年來得好，一樣是華裔但是差別卻很大。

　　數日之後，我們離開了那家Angkor Grand的旅店，在check out的時候，那位老闆竟然反悔之前講好的房價，在暹粒凡事必須講價讓我有了新體會，誠然這是在某些地區旅行的不二法門，但是講好了價又反悔就令人反感。

　　我們當時還僱了旅店老闆的哥哥為摩托車司機，他與他的同伴前恭後倨一百八十度的態度大轉變，讓我們十分不悅，他們不僅服務態度超級惡劣之外，對我們的要求也經常再三推託，他甚

猜猜這是什麼？這可不是汽水或是果汁，這可是汽油。

至說要看吳哥日出的話就得額外加價；原本我們以為他還算是一個厚道的人，沒想到一天之後他就有些誇張了，就像小高說的，在旅途當中人的因素也影響了旅行的心情。

這是當然的，以柬埔寨為例，我前後兩次相差不到兩年的造訪裡，感覺卻差很多，人和的因素成了決定性的影響。我記得2003年的情況似乎沒有這麼惡劣，吃東西之前無須小心翼翼，至少我所遇見的店家不會欺騙我；但是2005年情況似乎不是如此，當然，我們還是遇見不少誠實的店家，但是有一些一知道你是外國人便把價錢往上哄抬，我們也只好盡量多方比較。

不過，像是租摩托車這回事，往往他說的與你要的中間有些差別。許多司機會佯稱同意你的路線，最後卻反悔，然後訛詐你車資，這許多故事我們在暹粒時也聽過不少，有些人不甘被騙直接在網路上公開惡劣司機的姓名。

暹粒2005的台客聚會

其實，我們住的Angkor Grand旅店距離外國人聚集的Old Market那一區有段距離，在暹粒，通常租摩托車或人力計程車不論距離遠近，大約是1～2塊錢美金，Old Market那裡有眾多旅店，外國人愛在那裡流連，我們原打算去那裡看看的，不過，這個機緣在認識一位同鄉老張之後變得更有趣些。

老張是我們在神廟裡遇見的台灣同鄉，當時我一眼辨認出了他也來自於台灣，因為他身上的一本雜誌說明了他的來處。當時的他，正按圖索驥地看著神廟，沒多久，我們自然而然交談了起

來，他是家電子科技公司的副理，因為有十天的假期，他決定先飛河內再轉暹粒，我們遇見他時，他已在旅程的末期了。

「今天晚上，我們在一家叫做dead fish的餐廳有聚會，這樣好了，你們也來吧！大家都算是有緣。」他說著。

就這樣，那天晚上，我們便到Old Market那區尋他們去了。

原來，那個聚會都是一些路上認識的同好，一共九個人。美樺他們四個是來自台中的護理與醫療人員，也是一路從曼谷過來的，而竹科工程師莊先生與他的女友則是直接從台灣飛金邊再轉暹粒，他們戲稱這次的聚會是「暹粒2005的台客聚會」。

對於台客的定義，我是不太清楚，這麼稱呼只是為了有趣生動，不過，這也是到目前為止，我唯一一次在海外遇見這麼多的台灣旅者，當時在暹粒的台灣旅行團不計其數，而自助旅行的旅者也為數不少。

2005年的暹粒街頭，經常可以聽見中文的對話，高朋滿座的餐廳裡也傳來了陣陣中文的談笑聲；而2003年，莫說是台灣人，連一向如螞蟻般的日本人也少見，我後來也發現時間相隔僅僅一年半多，2005年在柬埔寨的韓國勢力也增加了很多，暹粒街上韓文的招牌林立，韓國車在街頭大行其道，韓國的旅者也如潮水般湧向了暹粒。

那一天，我們在吳哥窟遇見了一對英國情侶，正聊著各國旅者的異同時說到了嗓子粗大的韓國人，沒想到剛好有一團韓國人經過，他們一貫的大嗓門讓我們啞然失笑。2005年的各國旅者多到我們想找個清靜的所在都有點難。

SARS的威脅過去了，暹粒又如往常一般熱鬧，我們也見到許多台灣團，他們之中又是萊卡又是數位的行頭令我們側目，「豪華」大概就是台灣團的特色吧！

這之間又有一些大陸團，大陸團只要看穿著與講話的口音便見分曉，還有他們經常把警告標語視若無物，例如擅闖整修中的神廟等等，而西方旅者的方式便與東方旅者大異其趣，他們多半單打獨鬥，通常上了年紀的才考慮跟團，總之2005年的暹粒熱鬧非凡。

我們之後也利用白天的時間前往Old Market那區，主要是為了去購物，那裡有個著名的市場，市場裡形形色色的貨物都有，比較有趣的是Lonely Planet的盜版書在那裡十分猖獗，後來我們旅行到了越南也發現一樣的情形。這些國家現在全成了海盜國家，情況就像20年前的台灣。Old Market裡塞滿各國旅者，大家都在尋找心目中的寶貝，不過暹粒因為久享吳哥盛名，所以消費指數有些貴，我們也在那個大觀園閒晃，好消磨一些午後的光陰。

小高一直對柬埔寨的印象不好就是從暹粒開始的，那也難怪，因為連我這個第二次來的訪客都察覺出暹粒變了。大夥兒談起暹粒，也多半是抱怨多過讚美，倒不是遺跡不吸引人了，而是暹粒的種種讓人處於一種不是很自在的狀態下，這氣氛像是在埃及旅行的時候。

寺中之城——吳哥窟

吳哥窟（Angkor Wat）的建築形式分為三層，有東、南、西、北四廊，每廊又分成兩翼，第三層的主體建築便是那五座

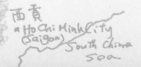

塔，高65公尺代表須彌山的主塔領袖群倫，塔身刻滿了蓮花的圖案，遠望的主塔就像是一朵火焰般向上伸展的蓮花。

吳哥窟所有的設計裡，最令人激賞的可能是外圍高大寬闊的入口設計，因為當時的設計者不僅考慮到參拜的王公大臣和民眾，甚至連進入神廟的大象、馬、牛等也都考慮到了。

還有一項令我十分感興趣的設計，就是它的藏經閣，學者研究指出，在神廟之前的外圍入口處有兩座建築物，在當時是當作藏經閣使用的，倒不是它的功能吸引我，而是那看似十字型珠寶盒的設計著實令人感到驚奇，若非文獻上記載著它是藏經閣，否則我寧願相信它是囤放珍奇珠寶的小巧宮殿。

吳哥窟的設計者，據推測，可能是當時君主蘇利亞華爾曼二世的宰相迪法卡拉帕迪塔（Divakarapandita）所設計的，他是一位虔誠的印度教信徒，所以在他的規劃設計下，吳哥窟完整地體現了印度教義裡的宇宙與人間的概念。此外，令人感到詫異的是，當時的高棉建築水準已經可以利用高深的幾何學，讓吳哥窟的五座塔只能在某一個角度才能全部被看見，這無疑增加了神廟的莊嚴與神秘感。

吳哥窟是所有柬埔寨遺跡中規模最大的建築物，也是柬埔寨神廟中唯一面向西的神廟，而它一開始的名稱應該只是Angkor，Wat（意為「廟宇」）這個字，應該是後世當小乘佛教流行時加上去的，這種情形在古代高棉經常發生，例如班特絲蕾神廟（Banteay Srei）當初也不叫做Banteay Srei。

當吳哥盛世殞落之後，吳哥窟便被棄置了，唯一還關心它的是那些僧侶們。關於吳哥窟的身世，許多學者仍在討論，他們爭

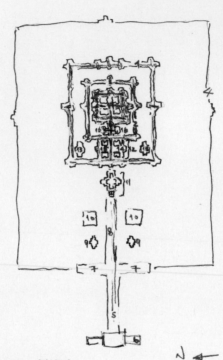

Angkor簡圖

1. 第一平臺
2. 第二平臺
3. 第三平臺
4. 外牆
5. 參道 I
6. 入口處門廊
7. 廟門及塔
8. 參道 II
9. 藏經閣

10. 水塘
11. 平臺
12. 迴廊
13. 藏經閣
14. 佛陀堂
15. 回音堂
16. 藏經閣
17. 中央神龕

議的重點在於到底吳哥窟是以何種目的被興建——大多數學者認為它是一座廟宇，少部分學者則認為它應該是一座君主的陵寢，其實不無道理，因為吳哥窟的許多格局都類似印度教裡陵寢的設計，而古代高棉深受印度文化影響已是個不爭的事實，只是不管是神廟或陵寢，吳哥窟做為地球上最龐大的神廟建築是當之無愧的，現今柬埔寨國旗上的圖案便是吳哥窟。

看到世界最大的神廟時，我的心在顫慄

在這裡，提供一些吳哥窟的建築數據與基本認知，吳哥窟是世界上規模最大的廟宇建築，它所使用的石塊與埃及的卓甫斯（Cheops）金字塔一樣多，它的美讓許多學者讚嘆，它的美也讓參觀者失神——

在看到這些間塔的剎那，我的心在顫慄，我所能做的除了懷著一顆敬畏的心去凝視它之外，實在無法找到一組詞彙去描寫眼前所看見的景物了！

這是一百多年前的法國學者亨利‧慕奧在無意間發現吳哥窟時所寫下的記錄。

吳哥窟的建築莊嚴和諧，比例均勻，在建築工法與雕刻藝術上的表現均達到極高的水準。它座東朝西也是柬埔寨神廟少見面向西的大型神廟，平面格局呈長方形，周長約5.5公里，有兩重石砌的厚牆做為屏障。吳哥窟的面積大約是210公頃，其外並有壕溝，壕溝寬約190公尺。

　　吳哥窟的正門朝向西，並與安哥通城南門外的大道相連接，古時，吳哥窟與安哥通城的往來頻繁，因為安哥通城做為皇城是貴族的居所，而做為神廟的吳哥窟是貴族的祭拜之所。

　　吳哥窟的內部是廣闊的庭院，庭院內部有一條大道，大道兩側各有藏經閣和池塘。吳哥窟所展示的是古代高棉人高超的建築造詣，難怪當年的周達觀會對它讚歎不已。就像紫禁城一般，要探訪吳哥窟的正殿必須通過長長的參道，探訪者必須先通過一條兩百多公尺兩側由兩條七頭蛇神所引領的石砌長道，然後再通過近五百公尺的參道才能抵達中央神殿，而參道旁也有兩條七頭蛇神，以及兩座前述在古時被當作藏經閣的珠寶盒建築物。

須彌山・石獅・蓮花

　　吳哥窟的第一層建築其內牆寬約140公尺，長約270公尺，牆內的主體建築在三層臺階之上，臺階的基座高約23公尺，除第三層的建築格局是正方形外，第一及第二層建築均為長方形，吳哥

1. 吳哥窟的清晨。
2. 吳哥窟裡仰望的主塔。
3. 從吳哥窟的最高層往下望的風景。
4. 吳哥窟清晨的一個小角落，可見精美的浮雕與仙女
   刻像。
5. 吳哥窟清晨的石獅。
6. 吳哥窟浮雕內的神明。

窟的三層建築中每層的四邊各有中、左、右三道石梯連接上到一層，那望之巍巍的五座尖塔矗立在最高一層的平臺上，高65公尺的主塔象徵著天神居住的須彌山，而其餘較矮的四座塔分立於平臺的四角。

　　第二層平臺的四個角落，也各有一座寶塔。每一層平臺的四周都有迴廊的設計，迴廊內有庭院、藏經樓、壁龕、神座等等，每一層均有石雕的門樓和連接上下層的石梯，階梯的護欄上都有七頭石雕的蛇神盤繞，階梯的兩旁還有英姿威武的石獅坐鎮。

　　古代高棉石獅的造型亦迥異於其他文明，比起中國式的石獅，高棉式的石獅顯然走的是比較寫實的路線，而不產獅子的高棉自有一套描寫獅子的手法，大體而言，高棉式的石獅比較接近古代西亞的短

吳哥窟內象徵須彌山的主塔。

鬃獅子的原型。

　　吳哥窟的整座建築都裝飾著石雕的蓮花，總數約有一萬個左右，如果你在夏日造訪柬埔寨的鄉間，你會發現野生的蓮花處處都是，偶爾你也會看見柬埔寨的兒童在鄉野的蓮花池裡戲水，這景象幾乎與一千年前的柬埔寨沒兩樣。

　　蓮花，不僅與高棉人的生活息息相關，也與印度教與佛教有著密切的關係，它是印度神話中最常出現的植物，甚至在印度的神話裡毘濕奴的手裡也拿著象徵地球的蓮花，因此，吳哥窟會飾以萬朵的蓮花來歌頌天神，其實一點也不令人感到意外，因為蓮花既神聖卻又觸手可及。

立體浮雕，讓你身歷其境

　　吳哥窟是個錯綜複雜的建築群，包含三層的臺基、環繞著四周的迴廊、參道、如火焰般的尖塔，這一些建築全部是以砂岩（sandstone）砌成，而這些巨大砂石間並無灰漿或其他諸如古代中國所使用的糯米做為粘合劑，它們的組合全靠石塊的表面形狀及石塊本身的重量彼此緊密結合在一起。

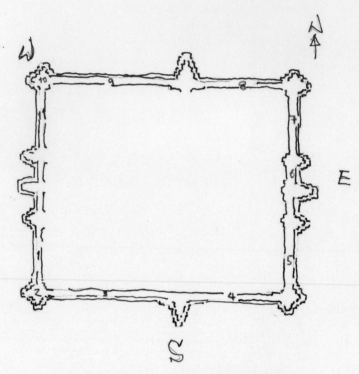

Angkor第一層迴廊浮雕簡要圖

西廊
1. 天神與妖魔交戰圖
11. 羅摩衍那哈奴曼斯
蘭卡戰爭圖
2. 羅摩衍那故事場景

東廊
5. 乳海翻騰故事
6. 銘文
7. 毘濕奴戰勝妖魔圖

南廊
3. 蘇利亞華爾曼二世出
征圖
4. 天堂與地獄圖（死神
的判決）

北廊
8. 天神與妖魔交戰圖
9. 天神與妖魔交戰圖
10. 羅摩衍納故事場景

　　這種工法看似簡單，但是卻必須要有傑出的物理知識才能算計石塊的擺放位置，尤其在經過八百多年的歲月摧殘，吳哥窟至今大體上可以保持建築的完整，這就不得不令人由衷地敬佩古高棉人的高明技巧。

　　吳哥窟除了震撼人心的格局，其細部裝飾浮雕的巧奪天工也不容小覷，它的浮雕極其瑰麗，並且以許多手法將平面轉成立體，因此觀者在注視浮雕時往往會覺得身歷其境。

　　吳哥窟的處處皆有浮雕，諸如迴廊的牆壁與廊柱、石牆、基座、窗楣、欄杆之上全都有浮雕，內容主要是毘濕奴的傳說，題材主要來自印度教的史詩《摩訶婆羅多》和《羅摩衍那》和印度教的諸神話，例如創世紀的乳海翻騰等等；但是除了出世的神話

從吳哥窟主塔上往下望的風景，所有神廟的建築幾乎一覽無遺地映在你的眼前。

之外，也有屬於入世的情節，這些情節包含戰爭的場面、皇家出巡的儀仗隊伍等情景。

神話《乳海翻騰》：攪拌乳海一千年

吳哥窟的浮雕精華在第一層建築的迴廊上，此迴廊又被稱之為「浮雕迴廊」（Galleries of Bas-reliefs），這些浮雕依主題可區分為東壁的《乳海翻騰》（Churning of the Ocean of Milk）的神話故事，《乳海翻騰》應該是吳哥最有名的一個故事，常見於古代高棉的各處神廟，除了吳哥窟的浮雕之外，在安哥通城的四個城門，還有普利漢神廟都可以看到。

此故事出自於印度神話Bagavata-Pour-ana ，大意是說天神和阿修羅兩大陣營都想要獲得長生不老藥，於是，他們請求於梵天（Brahma），梵天告訴他們要齊心協力攪拌乳海，最後就會得到長生不老之藥，得到此藥之後要平分。

兩大陣營聽罷之後，找來了七頭蛇神（Vasuki）作為繩索，並搬來曼陀羅山作為攪拌的大杵，找齊了工具之後雙方便開始攪拌乳海，浮雕中92個阿修羅在畫面的左邊，由魔王拉住一端的蛇頭；在右邊的則是88位天神，由哈奴曼最後拉住蛇尾。

兩大陣營攪拌乳海持續了千年，在劇烈的攪拌之下，七頭蛇神受不了大家的拉扯，最後吐出了毒液，要是毒液流入大地，將會造成嚴重的後果，於是梵天請求濕婆神將毒液喝下，濕婆神為了拯救眾生也只好將毒液吞下，但毒液的毒性過於強烈，濕婆神的脖子因而變成了藍黑色，這也就是為何我們所見到的濕婆神都

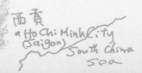

有著藍黑色的脖子。

　　毘濕奴看到了這番場景，深怕劇烈的震盪會使曼陀羅山沉入海底，於是化身為大烏龜支撐住整個曼陀羅山，這也是祂的第二次轉世，烏龜造型的毘濕奴大量出現於古代高棉的神廟藝術裡。

　　七頭蛇神最後把身軀纏繞在曼陀羅山上，有了烏龜的支撐，加上雙方自制協調的運轉，曼陀羅山最後穩定了下來，最後乳海中出現了許多奇珍異寶，其中飛天仙女便從乳海裡誕生出來，其中最美的一個是拉克斯米（Laksmi），祂後來成為毘濕奴的妻子。其他還有月神、白象、白馬、法螺等寶物都從此乳海誕生。故事的結局是，天神在與惡神的激烈鬥爭之後，如願取得了長生不老藥。

　　北壁的是天神與妖魔交戰圖、西壁則是天神與妖魔交戰圖，其中有羅摩衍那史詩中哈奴曼（Hanuman）助毘濕奴擊退妖魔的神話故事，南壁則是建造吳哥窟的君主蘇利亞華爾曼二世騎象出征的場面，這堵浮雕反映了當時的蘇利亞華爾曼二世領導高棉人抵抗來自於越南的占族人入侵的戰爭情景，那些驅趕著大象軍團的高棉將士與安坐在象座上的蘇利亞華爾曼二世，正合力奮勇地和敵軍作戰，箭矢如雨落下，無畏的士兵正手執盾牌忘死地挺進。

　　南壁的另一個主題是死神閻摩（Yama）進行末世審判，以及天堂與地獄的場面，這些浮雕的技巧純熟、場面複雜、人物眾多。最令人嘆為觀止的是，當時的高棉工匠已經利用重疊的層次來顯示深遠的空間，這項技巧讓研究吳哥窟浮雕的學者們讚嘆不已。

　　一如前文所提及的，吳哥窟的整體結構其實就在體現印度教教義裡的宇宙觀，其主塔是天神居住的須彌山，伴隨主塔的其他

四座塔則代表了須彌山旁連綿的山峰，塔外則代表世界的洲陸，圍繞神廟的護城河便代表了海洋。

印度教的經典中便有「四王天居山腰四面，利天在山頂，山根有七重金山，在金山外有鹹海，鹹海之外有大鐵圍山」的記載，而吳哥窟即在表現經書中的描述。

近代有許多歐洲學者醉心於研究吳哥窟，尤其是法國的學者更是癡迷，對於吳哥窟周圍的護城河及其相連的水道曾有許多論述：

第一種說法，相信它是複雜的水利灌溉系統。

第二種說法，指出護城河與水道的設計模型，和天上的星斗相呼應。

第三種說法，則認為它只是為了體現印度教中宇宙的模型。

在眾多說法中，最後一種說法似乎比較具公信力，因為根據判斷當年的王朝十分富足，所需糧食皆由外地運入，實在無須大費周章地引水在王城附近開墾，那些學者相信，吳哥窟的護城河及其相連的水道之所以存在，其實只是一個高度文明發展的帝國為了彰顯其信仰而建築的。

神與君主在人間的邂逅之所

當年的君主蘇利亞華爾曼二世，花了30年建造這一座震古鑠今的神廟，吳哥窟在他駕崩之後才真正的完成，吳哥窟神廟裡崇拜的是印度教的神祇毘濕奴，然而，這神像造型卻與印度教的傳統大異其趣，神像的面貌乃取自建造此神廟的君主蘇利亞華爾曼二世，這樣的例子其實不斷地在歷史裡重演。

　　實際上，當時的蘇利亞華爾曼二世是以自身與神廟的主神毗濕奴相連結的方式以取得人間之神的地位，古埃及法老也以地上的太陽神自居，而中國古代帝王莫不認為自己便是天子，即使明代時東瀛的戰國名將織田信長，也以自己就是現世佛自居而讓他的臣民膜拜，吳哥窟中祭祀的對象並非遙不可及的天神，而是實際存在的君主──以半神人自居的君主。

　　至於為何有這樣的信念，則源自於印度教教義中強調自我了斷的概念，以生死輪迴、善惡有報為基礎的印度教，相信人類是在輪迴中不斷地死亡與重生，唯有將死亡切斷才能真正解脫，而解脫之法便是沐浴神恩，與神結合為一。

吳哥窟的迴廊浮雕，描述的是戰爭場景。

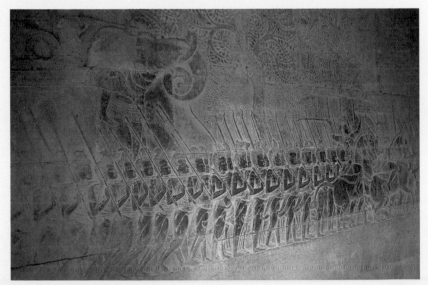

　　因此，蘇利亞華爾曼二世在生前決定死後與毘濕奴神結合，所以忠心耿耿地在生前為祂建築寺院，並忠實地祭祀祂，因此吳哥窟其實就是神與君主在人間的邂逅之所，在古代印度教經典《博伽梵歌》（Bhagavad Gita）中亦曾提到「人類中的帝王即是天神的化身」，而這個概念在吳哥時期被發揮到淋漓盡致，此後更影響了東南亞的其他文明。

波布部隊的超級軍火庫

　　作為世界上規模最大的廟宇建築的吳哥窟，在近代卻有一段不堪回首的悲慘歷史，在波布統治期間，吳哥窟遭到士兵的劫掠，許多雕刻精美的神像被活生生地砍下變賣，由於戰亂，大批的古物被非法走私到泰國去，再從曼谷整批被送往了歐美各個國際拍賣場上任由收藏家們喊價，一件九世紀的柬埔寨精美石雕在國際上可以以美金將近4萬元脫手，即使連紐約大都會博物館都曾經發現館內的柬埔寨文物典藏竟然是非法取得的。

1. 進入吳哥窟正殿的參道。
2. 清晨裡的吳哥窟，巍巍的建築與歐洲的大教堂相比毫不遜色，但是卻早於歐洲。
3. 吳哥窟的主塔，蓮花般的主塔像是盛開的火焰。
4. 吳哥窟的浮雕飛天仙女與石窟。
5. 吳哥窟清晨的一隅，仙女們似乎也從長夜裡甦醒了。
6. 清晨裡柔弱的陽光照進了吳哥窟的迴廊，那斷頭的雕像默默承接光的加持。

　　在柬埔寨與越南戰爭的期間，吳哥窟被波布的部隊當軍火庫使用，而在越南佔領柬埔寨期間，吳哥窟的遺址也沒得到應有的保護，越南士兵因為利之所趨也加入了盜取柬埔寨國寶的行列，即使今日政局已經相對穩定了，但是，貧窮使得柬埔寨人不得不鋌而走險，摧毀柬埔寨偉大文明的兇手最後──竟然也包含了柬埔寨人。

　　就是這一連串的戰亂與荒謬的歷史，使得吳哥窟精美的藝術珍品幾乎消失殆盡，幸而最近聯合國已經出面保護柬埔寨文物，國際拍賣場上也將來路不明的柬埔寨藝術品列為非拍賣品，這才使得盜取國寶的歪風稍稍減緩。

　　目前，柬埔寨政府也積極向國際社會呼籲將柬埔寨國寶歸還柬埔寨，泰國政府最近就主動歸還了屬於柬埔寨的13件古

吳哥窟的石窗。

物，即使如此，目前依然流落在外的柬埔寨國寶數量，恐怕還是個天文數字。

元朝大臣周達觀筆下的魯班墓

中國元朝的大臣周達觀，曾在七百多年前目睹吳哥窟之雄偉，他在元成宗元貞二年（西元1296年）隨招諭使來到了柬埔寨，隔年返國後便著手寫下當時他的所見所聞，他在其著作《真臘風土記》中形容吳哥窟為「魯班墓」。

當年的周達觀大概萬萬沒有想到，從前被中國稱為「扶南」及「真臘」的蠻夷竟然有這般高度發展的文明，他用「魯班」這位中國春秋戰國時代著名的工匠來形容眼前所見壯闊的吳哥窟，也可見他對吳哥窟的高度推崇了。

而《真臘風土記》便成了中國古代以至於近代對柬埔寨少數的文獻記載，書中他詳細記錄了從中國前往柬埔寨的旅程，而那條航線途經了南海，之後進入湄公河，溯湄公河之上後抵達了洞里薩湖，最後從湖畔進入吳哥窟，這條路線也成了後世法國學者按圖索驥的重要線索。

百年沈睡叢林

我在那個清晨的五點與我的司機約好去看吳哥窟的日出，清晨與黃昏是柬埔寨最宜人的時分，也是探訪吳哥窟的最佳時候，原因無他，因為清晨與黃昏的光線柔美，那時吳哥窟的肌膚是纖細的，那時那些浮雕的光景最美好，而那些神明的微笑也最迷人。不過，這全憑運氣的。

在那個清朗的清晨，當我抵達吳哥窟時已經有一些人聚集了，在水池前我與他們一樣都在耐心地等候期待中的日出，身邊的外國人正在打坐，也有一些攝影的愛好者原來已經架好了相機。

清早的空氣中，除了清氛的露霑外，還夾雜著一股刺鼻的防蚊液味道，原來是一些遊客有備無患的噴了防蚊液，其實吳哥窟附近所有的遺跡都位在叢林裡，當年法國的探險家發現吳哥窟時，吳哥窟已經在叢林裡沈睡了數百年了，既然是叢林，所以蚊蟲也就多了一些，那些蚊蟲肆無忌憚地在我面前飛舞，遺跡似乎還在沈靜地睡著，緩緩的太陽嬌羞躲在一餅餅的浮雲裡，吳哥窟火焰般的尖塔恰似正與緩慢的日出有了協議——

「這樣吧！我答應你吧！我用我的七色光彩加持你的火焰，你切莫著急地催促，因

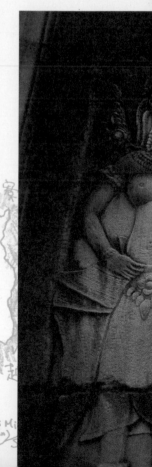

為我始終會現身的，一直以來我都是這時候現身的，原來在你還
未出生之前，我就是這樣。」

　　於是雲漸漸散去，柔軟的陽光織就著吳哥窟，彷彿吳哥窟也
沐在神恩裡，第一眼見到吳哥窟的我，心情與第一眼見到金字塔
有些相似。

吳哥窟浮雕上的飛天仙女，這些仙女都有著曼妙的舞姿與姣好的身材。

「啊！這就是吳哥窟，啊！這就是金字塔！」

我的臉上浮著微笑，浮著溫柔陽光刻劃的微笑。

清晨的吳哥窟，如同幾百年前一般地矗立，不同的是，當年的僧侶與王公貴族早已隱匿於歷史恆河流沙裡了，如今前來朝拜的是遠從各地而來的外國人。

這座深受印度宗教與藝術風格影響的曠世巨作，今日依舊有著令人贊歎的魔力，彷彿古代乘著貿易風而來的印度風格至今仍舊吹拂著吳哥窟牆上的雋永石刻，那些手舞足蹈的飛天仙女在朝陽的照拂下，像是有了生命一般，她們已經手舞足蹈了九百多年了。

清早，看著吳哥窟的雕刻是令人傾倒的一件快事。

陽光蘊藉了那些雕著千變萬化花朵的石柱，屋簷上、牆腳上，陽光慢慢游移，慢慢的陽光轉瞬間讓戰爭場面轟轟烈烈了起來，那些裸露著上身的飛天仙女在陽光的嫵媚下笑得雍容華貴，也難怪當年前來考古的法國學者會對這座遺跡心醉神迷——

因為一旦你站在那些浮雕之前，你便會著迷於那壁上被微風輕吹的裙襬，穿廊而過的微風與壁上的飛天仙女相應和；因為一旦你站在那些浮雕之前，你會以為聽見了壁裡的戰爭廝殺，站在那些浮雕之前的你也會看見出水的蓮花，還有一座座端坐在浮雕裡法相莊嚴的神祇。

吳哥窟的浮雕，那些令人嘆為觀止的浮雕，像是藤蘿爬上了你的心坎裡。

這四百年來，
傾頹的宮殿成了鳥獸的聚會場所，
巨樹與藤蔓也來與鳥獸們分一杯羹，
林蔭深處的重重宮闕
鍍上了一層層苔蘚的新綠地毯，
鸚鵡在宮中唱起了牠們新製的伊啞歌曲，
獼猴在宮殿與林間盪遊著，
落葉也在這個舞台上競相飛揚，
堂堂的皇城究竟成了大自然的演奏場。

卷七 偉大的城市———
安哥通城

　　暹粒的神廟眾多，據
我的司機告訴我，暹粒附近
（即所謂的吳哥區域）的廣
大區域中大大小小的神廟一
共有六百多座，其中除了大
名鼎鼎的吳哥窟之外，就屬
安哥通城（Angkor Thom）
的大小神廟群及其皇宮遺址
最為吸引人。

　　「Thom」在高棉語裡
的解釋是「大」，所以安哥
通城的意思應該是「偉大的
城市」，不過，現在的情況
卻與古時相去甚遠，安哥通
城的規模已經傾頹了許多，
反倒是吳哥窟的規模足以稱
之為大，一般人喜歡把安哥
通城稱之為「大吳哥」，
而將吳哥窟稱之為「小吳
哥」，這種稱法實際上並不
符合現今的狀況。

　　安哥通城是加亞華爾曼
七世當時王朝的首都，根據
學者估計，它的規模遠大於

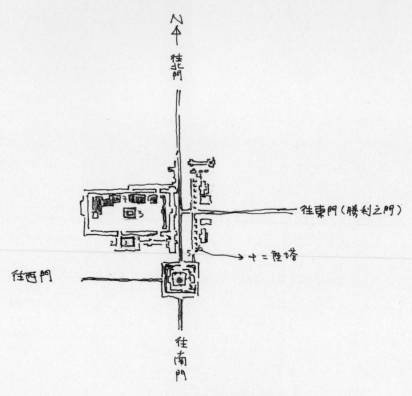

往北門

往東門（勝利之門）

十二座塔

往西門

往南門

Angkor Thom簡圖

1. 百茵
2. 巴本宮
3. 天宮
4. 麻瘋王臺階
5. 大象閱兵臺
6. 十二座塔
7. 皇宮遺址

當時任何一座歐洲城市，而它的人口包含附近的區域初步估計超過一百萬人，這個數字當然也遠遠超過當時的歐洲。如果當年的歐洲人有幸能夠親臨安哥通城，他們大概會目瞪口呆於所見的一切吧！

建立安哥通城的加亞華爾曼七世即帝位之前的吳哥窟，已經被來自於今日越南的占婆族（Chams）所建立的占婆國所破壞，占婆族當年從水路進攻而攻滅了盛極一時的吳哥窟，他們不僅大肆劫掠，還將吳哥窟無情地予以破壞，吳哥窟許多精美的石雕造像便是毀於這些異族之手。

中興的加亞華爾曼七世矢志征討占婆族，經過了連年的征戰後，終於俘虜並囚禁其國王，此時，占婆族的領土被正式併入了高棉王朝。當時，加亞華爾曼七世王朝的國力極為強盛，其疆界東臨越南，北至現在寮國的首都永珍，西至緬甸，向南達到馬來亞半島，加亞華爾曼七世也成了高棉歷史上最偉大的帝王。

為了興建一座規模夠大的皇城，加亞華爾曼七世積極籌建安哥通城，而安哥通城的建築年代此時已晚吳哥窟大約一百年了，篤信佛教的加亞華爾曼七世以佛教的宇宙觀興建此城，脫胎自印度教的佛教其宇宙觀自然承襲了印度教的教義。

依舊按照須彌山的宇宙觀念建立起的安哥通城，中心的百茵神廟代表的便是須彌山，象徵溝通天堂與人間的樞紐；安哥通城城內的五條主要通道都與百茵神廟相通，這五條通道連結了五座城門與百茵神廟。

有一說認為，這五條通道象徵著眾神所扶起的蛇神，它所代表的意義是「翻騰的乳海」，這可與城門的三頭象相呼應；另一

說則認為，這五條通道象徵著溝通人間與天堂的彩虹，當你走在通道上即是從人間進入了天堂，最近有學者根據佛教理論與高棉古代的石刻，認定它代表因陀羅的勝利。

屬於百茵藝術風格的安哥通城，是一座計算極為精準的內城（inner royal city），四周有8公尺高的城牆拱衛，城牆的每一邊約有3公里長，城牆之外有寬達100公尺象徵海洋的護城河環繞著城牆，不過護城河目前已經乾涸了。

安哥通城的範圍呈正方形，主要目的是當作皇族的居所，當時的加亞華爾曼七世及其他貴族、武士、祭司僧侶等都住在安哥通城，它的範圍內包含皇宮、巴本宮（Baphoun，周達觀稱此神廟為「銅塔」）、百茵神廟、大象閱兵台（Terrace of the Elephants）、麻瘋王台階（Terrace of the Leper King）、天宮（Phimeanakas；aerial palace，周達觀稱此神廟為「金塔」）、十二生肖塔（12 Tower of Prasat）等等。

大象閱兵台與麻瘋王台階，則是當時通往皇宮大道旁的主要建築，這片區域當時是供加亞華爾曼七世閱兵與舉行盛大慶典之用，而這片區域之後則有天宮與供皇室沐浴用的大型浴池。

如今皇宮的部分已經消失於歷史洪流裡，現今遺址僅剩下石砌的基座，消失的

原因在於當時皇宮的建材主要為木結構，時間一久，木材終究腐爛，現在的學者也只能從遺跡的部分對照周達觀的描述來看所當年盛極一時的皇城，他在書中描述皇宮為「……其正室之瓦，以鉛為之，餘皆土瓦，黃色。橋柱甚巨，皆雕畫佛形，屋頗壯觀，修廊復道，突兀參差」。

安哥通城南城門入口處表情安詳的天神。

《白蛇傳》的原型是翻騰的乳海神話？！

在進入安哥通城前，遠遠便會見到以石頭砌成的南城門，南城門是最常入鏡的一個城門，尤其當清晨光線還未太生硬的時候，沐浴在晨光的南城門好似幻影一般矗立著，站在城門前的你剎那間誤以為到了另一個星球。

南城門入口的橋兩邊，各有54尊天神和惡魔阿修羅，仔細看他們的造型，你會發現天神的眼睛呈杏仁核狀，而頭部是圓錐形，表情安祥，而頭戴武士頭盔的阿修羅惡魔表情猙獰。兩旁的天神和阿修羅惡魔分別抱著一條「九頭蛇」。

這種善惡兩分的做法源自於印度教神話，在印度教神話裡，為了爭奪永生的善神與惡神彼此爭鬥於翻騰的乳海，在拉扯之間生命自乳海裡誕生。有學者認為，中國古典文學中的《白蛇傳》應脫胎於印度教中翻騰的乳海神話，此則神話更遠征影響了歐洲的希臘神話。

南城門上頭的四個面向，則刻著加亞華爾曼七世的面容，這是佛教裡象徵眼觀四面耳聽八方的佛菩薩，而加亞華爾曼七世自身便以入世的菩薩自居，這樣的城門在安哥通城一共有五座，五座城門的造型都是一樣的。

當你站在城門下抬頭往上望時，你會大大折服於古高棉人卓越的物理與數學，因為要建造那樣巨大的城門已經是一件大工程，而且城門又必須是中空的，因為當時的設計便考慮到城門要能容得下大象的進出，顯而易見的是除非當時已經有精確的物理計算，否則城門隨時都有坍塌的危險。

這五座城門以砂岩堆砌而成，高約23公尺，每座城門都刻有四個加亞華爾曼七世的面容，基座則刻有三個頭的大象，此大象根據印度教神話也誕生自翻騰的乳海，城門基座那獨特的象鼻造型引人入勝，那些象鼻扯著蓮花，而左手持著閃電的印度教神祇因陀羅（Indra）則騎在三頭象上。

加亞華爾曼七世校閱他的大象軍團

在百茵神廟附近最受人注目的，恐怕是大象閱兵台以及麻瘋王台階，它們在當時的功能是閱兵的觀禮臺，加亞華爾曼七世便是在臺上校閱他的大象軍團與勇猛的將士們。

建於十二世紀末的大象閱兵台（Terrace of the Elephants）也屬於百茵風格，大約三百公尺長的大象閱兵台在南邊的入口台階處，也有以象鼻挽住蓮化的三頭象造型，中間那段的大象閱兵臺則雕滿了獅子與金翅鳥神的浮雕，而在平台的護欄上，則有許多雄獅與蛇神的雕像矗立著。

大象閱兵臺最引人入勝的部分，應該是牆上所雕的大象浮雕。

這也是為何它叫「大象閱兵臺」的由來，一隻接著一隻的大象綿延在牆上構成一面極壯觀的景象，這些大象浮雕與實際的大象差不多大，這些大象有的正以象鼻覓食，有的正揮舞著象鼻抵禦撲向他們的猛虎。

另一個特別的地方，是在大象閱兵台的北邊的內牆裡，那裡有一匹五頭馬造型的獨立浮雕，馬頭上方飾以重重的華蓋，

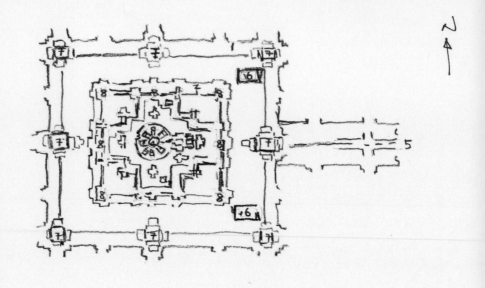

Bayon百茵神廟簡圖

1. 第一層平臺（外層）

2. 第二層平台（內層）

3. 第三層平臺

4. 中央神龕

5. 入口階梯與參道

6. 藏經閣

7. 塔（外層）

8. 塔（內層）

安哥通城大象閱兵台的北邊內牆裡有一頭五頭馬造型的獨立浮雕，學者認為此馬為加亞華爾曼七世的座騎。

學者認為此馬為加亞華爾曼七世的座騎，此匹五頭馬附近雕滿了飛天仙女與其他神明，也有法國學者相信這匹馬是觀世音（Avalokiteshvara）以馬的造型現身。

麻瘋王台階：誰知突然噴出毒液……

麻瘋王台階（Terrace of the Leper King）的建築年代與風格，和大象閱兵臺一樣。那牆上刻滿了麻瘋王（Leper King）的造像，關於麻瘋王的來源，眾說紛紜——

有一說認為，麻瘋王即為加亞華爾曼七世的化身，據傳，他

本身便是麻瘋症的病人，因此他在統馭期間大量興建了醫院，而麻瘋王所代表的便是死亡與正義，有一位法國學者指出，高棉王朝所有的神廟其功能之一是為帝王舉行葬禮，他相信麻瘋王台階即是當時王公貴族的火化臺。

另一說則認為，麻瘋王與高棉的神話傳說人物近似，該傳說提及有一人不願在國王之前跪拜，國王便以劍傷他，誰知那人突然噴灑出毒蛇的毒液，國王被噴灑毒液之後便成了牆壁中所刻劃的麻瘋王的造型。

有學者根據出土的銘刻碑文斷定，麻瘋王的造型象徵死神閻摩（Yama），神秘的是高棉麻瘋王的造型與今日印尼爪哇群島的石雕造型類似，有一說認為高棉人的祖先就是從爪哇遷徙而來的。

不管麻瘋王台階所代表的意義為何，那精美的雕刻與特殊的裸體造型在高棉藝術當中均屬上乘的精品。

1. 安哥通城南城門入口處頭戴頭盔的阿修羅惡魔。
2. 安哥通城南城門的近景。
3. 安哥通城南城門的象鼻石雕。
4. 安哥通城大象閱兵台入口階梯的象鼻石雕，象鼻挽著蓮花的造型生動活潑。
5. 安哥通城痲瘋王台階的遠景。
6. 安哥通城痲瘋王台階的入口階梯有石獅守護著。

十二座塔：藏經閣？珠寶庫？監牢？

　　十二座塔（Prast Suor Prat）就位於大象閱兵台的東邊，十二座塔的分布是北六座、南六座，中間為界的是通往勝利門（Gate of Victory）的道路，其藝術風格屬於百茵，在宗教上則屬於佛教，建築年代在公元十二世紀末。

　　為何有人稱此十二座塔為十二生肖塔？不知從何而來。

　　應該是以訛傳訛吧！因為關於古代的高棉文化其大多數的中文譯名似乎都與事實有些出入，而大家不察沿用之，之前所提的大吳哥與小吳哥的說法便是一例，因

為此十二座塔我遍查資料實在找不到類似的說法，個人猜想可能不過是應了十二這個數字罷了，而有人為了記憶方便，便將它稱為十二生肖塔。

這些塔的功用，根據某些法國學者的研究認為是藏經閣，這是一說，Henri Mouhot則認為是當時囤積珠寶的倉庫，也有一說是用來審判犯人的監牢，關於此種看法可以在周達觀的《真臘風土記》一書中找到描述這些塔的文字記載，簡單來說，古時候當兩個高棉人發生爭執而未能找出真相前，法官會裁定這兩個人各自選擇一個塔居住，經過一段時間之後，犯罪者就會因為良心不安而生病，或在心理上無法承受痛苦而認罪，法官也就可以根據兩人的健康情形或是心裡狀況來斷案。

也有一說認為，這些塔在慶典期間充作賣藝人走鋼索的地方，因為按照高棉文Prast Suor Prat就有此種解釋，但是關於此種說法的證據似乎比較薄弱些，迄今學界無法斷定這些塔當時是充作賣藝者表演的場所。

此十二座塔目前尚在整修中，根據告示牌上的說明，整修計劃的出資者是日本政府，那些幾乎傾頹的石塊被按照編號一塊一塊地卸下，暫時安置在地上，等待重組的塔身看來有一番滄桑的韻味。

如果按照周達觀的記載，你可能會懷疑這十二座塔頂多也只能安置六組嫌疑犯，這樣夠用嗎？不過，根據我的摩托車司機告訴我，古代的高棉民風純樸，所以也不至於一次出現那麼多犯罪案件，與今日的柬埔寨有著若干的差距。

在十二座塔東邊的南北兩側各有一座結構方正的建築物，根據資料顯示，這種建築物過去可能是宮殿的一部份，或者也有可

能是用來接待外國賓客的廳堂，至於詳細的功能已不可考。

百茵神廟：一朵朵漫開的微笑

　　加亞華爾曼七世在位40年間，勵精圖治大興建設，其興建的宮殿與神廟不管在質與量上都大大超越了前朝，同時也興建了許多的醫院與其他公共設施，他建造了塔普倫（Ta Phrom）、普利漢（Preah Khan）和蟠龍宮（Neak Pean）等神廟，並且在安哥通城內興建了著名的百茵神廟（Bayon），據學者的研究指出，百茵神廟花了20年才建成，所以百茵的風格在程度上可以找到許多相異的地方，考古學家也在百茵神廟裡發現一些百茵不同時期的基座、雕刻等等結構。

　　今天，百茵神廟已經成了遊人們到柬埔寨必訪的高棉遺跡之一。

　　對照起今日的熱門，從前的百茵卻是淒清的，這是因為百茵位於濃密的叢林內，當年考古學者已經發現了吳哥窟，卻無法確實找到百茵的位置，雖然最後利用比較精確的地圖找到了百茵，不過，一開始百茵卻被誤判是一座印度教神廟，也被誤認為是亞松華爾曼一世（西元889～910年間）王朝的都城，直至1925年，考古學家在百茵神廟找到了一座觀世音的雕像之後，這才確定百茵神廟實為一座佛教廟宇，也才將其年代標定為加亞華爾曼七世的時代。

　　今日考古學者與歷史學者仍舊努力的想解開百茵種種的神秘，畢竟它已經遺落了幾百年了，許多細節仍有待專家們去努力挖掘。

　　百茵神廟，為安哥通城的中心主廟，依照須彌山概念而起造的安哥通城是以百茵神廟為宇宙的中心，環繞在中心的自然有許多其他的神廟，而業已乾涸的護城河代表的是海洋，這種佈局與吳哥窟的概念相當一致。

　　而值得一提的是，百茵神廟與吳哥窟最大的不同，在於百茵神廟在一定的程度上跳脫了印度教教義的思維，取而代之的是佛教的概念，但是整座神廟的風格則揉合了印度教與佛教，加亞華爾曼七世本身就是一位虔誠信奉佛教的國王，佛教也是由他率先將其導入高棉王朝的，雖然在他死後佛教信仰也跟著衰弱。

　　百茵是一座三層結構的神廟，其中第一及第二層有著豐富的浮雕，栩栩如生的浮雕是百茵的第一個高潮。安哥通城在當時是高棉王朝的首都，它的人口達到百萬人，這個數字遠較當時歐洲任何一個城市的人口都還要多，也由於這些人口的支撐，所以安哥通城才得以維持她的繁華，而這種繁華的景象就直接表現在百茵神廟的浮雕上。

1. 安哥通城的皇宮遺跡。
2. 安哥通城的十二座塔。
3. 百茵神廟的仙女與門窗。
4. 從第一層平台望過去的風景，牆上的浮雕描寫著大象兵團作戰的情景。
5. 百茵神廟的遠景，這世上再也找不到風格如此詭異的建築了。
6. 百茵神廟的建築宛若一座小迷宮，層層疊疊的平台上有著無數的神龕，穿行在那些神龕當中也可以領略當時設計者的巧思。

　　百茵神廟的第二層有八座塔，這八座塔象徵著佛法廣被八方。東面塔的石柱上有著精美繁複的雕刻，其上還刻有二至三個飛天仙女的浮雕，第三層的格局是圓形的，這圓形的設計在高棉建築裡是很少見的，而百茵神廟的第三層也是百茵的另一個高潮所在，因為在第三層上，你可以觀察那些時刻變換的陰影在加亞華爾曼七世的微笑面容上，炙烈的陽光灑在佈滿青苔的微笑上，頓時之間，陽光似乎消翳了，只剩青苔上柔柔的閃亮，你可以看見參差的微笑散在每一座塔尖上，吳哥窟火焰般的尖塔到了這裡成了一朵朵的微笑漫開在天際上，那些微笑既親切又神秘。

　　剎那之間，你會以為自己身在不知名的詭異星球上，被困在那裡的微笑裡而無法脫身，無怪乎當年的法國考古學家Henri Marchal說：「這是一座由外星人築起的神廟，它的概念完全超出我們的想像！」

　　元朝的大臣周達觀在《真臘風土記》中亦認為百茵神廟實為

百茵神廟的正字標記——加亞華爾曼七世的微笑面容。

奇異至極，而周達觀的記載也就成了後世研究百茵神廟的第一手
資料，有人說，如果吳哥窟是高棉建築裡最經典的代表的話，那
麼，百茵神廟便是高棉建築裡最狂野、最神秘的代表，因為百茵
神廟與英格蘭境內的神秘的巨石群（Stonehenge）或是古埃及的金
字塔般，令人著迷但卻又無從解釋起它的神秘。

　　關於百茵精美的浮雕分為兩大部分：第一層（外層）與第二
層（內層）浮雕，大體而言，第二層浮雕
的主題與神話故事相關，這與吳哥窟的浮
雕主題類似，但是第一層的主題便是平民
百姓的日常生活，這個主題在古代高棉的
藝術裡卻是十分少見。

　　浮雕裡，除了戰爭場面外，還能見到
當時高棉貴族的宴客場景，但是最特別的
是更多是描繪市井小民的生活場景，市場
裡的叫賣、百姓的娛樂等，而這些描述日
常生活的浮雕與吳哥窟的浮雕相較顯得刻
痕較深，而且刻劃浮雕的手法也較為複雜
多變，有學者相信，這些描繪庶民生活的
浮雕體現了加亞華爾曼七世的民本思想，
當然在這些精彩絕倫的浮雕裡，免不了的
是體態婀娜多姿的飛天仙女阿帕莎拉。

　　在第一層浮雕的東面，所表現的主
題是行進中秩序井然的軍隊，當中還有當
時中國宋朝派來援助加亞華爾曼七世的大

軍，宋朝大軍頭戴盔甲而留有鬍子，高棉王朝的部隊則未戴盔甲也不蓄鬍子，利用大象作戰的高棉軍團生動地出現在浮雕裡，那些大象怕是比當今的坦克更具神威，加亞華爾曼七世則坐在象背上指揮部隊，還有一些隨部隊出征的婦女與樂師，仔細觀察你會發現大軍之後有負責炊食的婦女正在埋鍋造飯。在這面浮雕裡，你也能看見當時市井小民的生活，以及爬上椰子樹採椰子的猴子等有趣場景。

　　第一層浮雕的南面，可見高棉大軍西元1177年在洞里薩湖（Tonle Sap）殲滅占婆族的戰爭場面，從這面浮雕當中可以看出當時水面戰爭進行的場景，而在較低的浮雕裡，也描述著當平民百姓的日常生活——待產的婦女、與孩子們嬉戲的母親、正開弓準備獵殺動物的獵人等等，當中又以描述洞里薩湖上的生活最為出色——水上嬉戲的人們、正在觀看鬥雞的人們、在湖上

百茵神廟內兩尊背倚著背的仙女。

捕魚的人們、正在打鬥的豬、正在下棋的人們等等。

　　在第一層浮雕的西面，表現行進中的軍隊正穿越山丘與叢林，其他的多半也是戰爭場面，比較特別的是你可以看見徒手彼此攻擊的武士們，還有一個場景也頗為特別，那個場景雕刻著一隻魚將鹿吞下，而藏在蝦子下面的銘文說著加亞華爾曼七世的偉大勝利，不過，西面的浮雕尚有許多並未完成，還有一些場景描述加亞華爾曼七世正前往森林冥想並準備頌讚因陀羅的儀式。

　　在第一層浮雕的北面，主題是表演雜耍的人們與各種動物，也可以找到正在森林隱居的賢者、正在河邊接受禮物的女人們、高棉大軍與占婆族軍隊交戰的場面，可惜的是北面浮雕有一大部分已經毀損。

　　在第二層的浮雕分布在許多小房間與神龕的牆上，與第一層浮雕相較，第二層浮雕顯得比較分散，主題也迥異於第一層的平民化生活場景，大體上在描述印度教的神話故事。

百茵神廟的塔，一位正在當地修行的尼姑正倚門探望。

　　在第二層浮雕的東面，主要是隱士與動物在森林裡隱居、國王與賢士正在宮廷裡、打獵的場景、飛天仙女飛舞天際、軍隊行進等，比較特別的是，這面浮雕中的高棉武士與占婆族武士是混合出現的。

　　在東面與北面接壁的浮雕裡，則雕有騎在象背上的君王、行進中的軍隊陣容包括馬匹、由一隻聖鵝所牽引的六輪戰車、隨軍

百茵神廟一隅。

隊出征的樂師、徒步前進的士兵等等，其他部分還有被魚群所包圍的兩艘大船、在天際飛舞的飛天仙女與鳥群。

　　較特殊之處是這面浮雕有關於癲瘋王的描述——君王正與大蛇奮戰，奮戰的同時有一群旁觀者正在觀看，大蛇向君王噴毒液，接著君王便得了癲瘋病，君王在皇宮內對著他的臣子下命令，而這些臣子正在階梯上與來自森林的隱士商討解症之法，接著是環繞在君王身邊的女人們正在探視君王的病情，這時的君王正躺在地上，隱士則站立在他的身邊。

　　第二層浮雕南面所表現的主題非常豐富，除了戰爭場景，還有日常生活的描述、金翅鳥神與一隻大魚在須彌山的山腳下正與隱居的賢士及動物們聚會、人與獅的爭鬥、出征的王子與他的軍隊、正在演奏音樂的宮廷樂師等等；在偏下及其他部分的浮雕中，則出現了公主正在觀看撒網捕魚的漁夫、飛天仙女在天際裡飛舞、濕婆神正佇立於蓮花之上、飛天仙女正與一團樂師們一起表演、山上的野獸與一隻正在吃人的猛虎、公主們與飛天仙女們一起在蓮花之間漫舞、濕婆神與其他神明，還有賢士與動物們正在宮殿中、毘濕奴與飛天仙女們。

　　第二層浮雕的西面也很豐富多變，毘濕奴正在指揮諸神聯軍、正在船上下棋的兩個人、鬥雞的場面、濕婆神與毘濕奴並肩坐在宮殿裡、隱士正游於蓮花池中。還有許多關於皇室生活的描述，例如正在為年輕公主更衣的僕從們，不過，最有吸引力的應該是關於翻騰的乳海，以及《羅摩衍那》中哈奴曼（Hanuman）神話故事的浮雕。

　　在第二層浮雕的北面，所表現的主題是奴隸與動物的隊伍、

船上一群似乎是正在慶祝慶典的人們、正在與飛天仙女一起手舞足蹈的濕婆神、毘濕奴與梵天及甘尼許神、濕婆神與隱士、難迪神及女人們、正向沉思中的濕婆神、開弓射箭的愛神卡瑪，濕婆神的妻子巴瓦娣正在濕婆神的旁邊、濕婆神正騎著他的座騎難迪神、多頭的大蛇與一些正在跳舞的飛天仙女、北面的浮雕也有許多部分與摩呵婆羅多（Mahabharata）相關，而與神話相關正是第二層浮雕的特色。

在安哥通城的範圍內，百茵神廟所代表的便是須彌山。

這座須彌山最特殊的地方是49座塔的四面都刻有3公尺高的加亞華爾曼七世的微笑面容，另外加上5座城門的塔，此54的數字所代表的是當時的54個諸侯，而那為數兩百多個的微笑如今就淺淺地映在翠綠叢林中，從葉隙之間穿入的陽光猶如探照燈般照拂著石上的青苔，叢林中偶爾會見到三三兩兩的獼猴，蔥綠的樹影一到了黃昏，便天衣無縫地嵌在那眾多的微笑裡，約莫就是一種和諧高超的藝術轉眼之間與天地契合，叢林裡的蟲鳥輪唱著熱帶的

1　2

1. 百茵神廟描寫日常生活的浮雕。
2. 百茵神廟的浮雕忠實反映出當時的生活情景，這也成為後世研究古代高棉文化的重要依據。
3. 百茵神廟的浮雕其精采程度與吳哥窟相比有過之而無不及，百茵的雕法比較複雜多變。
4. 午後的陽光正映著瑰麗奇幻的百茵神廟，牆上的浮雕栩栩如生地低訴著古老的故事。
5. 百茵神廟內無一不是浮雕，你很難找到空白的平面。
6. 百茵神廟內大象兵團作戰浮雕的近景，圖中可以看出雕刻的工匠如何利用遠景的樹木襯托近景的士兵。

歌曲，神廟倒成了叢林裡的古老舞台，那些溫和的眉宇、高棉人中穩的鼻樑和熱情的厚唇、莊嚴兼慈祥的微笑，構成了亙古以來高棉人的心契。

天宮：金光四射的空中宮殿

天宮（Phimeanakas）也是安哥通城的重頭戲之一，羅仁德拉華爾曼二世（Rajendravarman II）興建但完成於蘇利亞華爾曼一世（Suryavarman I）的天宮是一座空中宮殿，它是一座全石砌成的塔形建築，12公尺高分做三層的金字塔形高臺上在中心處建有一塔，根據記載，古時此塔

覆以金箔，不過現在只能單憑想像去遙想當時金光閃爍、光芒四射的榮景。高臺上的四周並有石砌迴廊環繞著，由於塔高因而給人一種懸在空中的感覺，所以有人將其稱之為「天上的宮殿」。

周達觀在《真臘風土記》中對此座建築亦多有著墨，他以「金塔」稱呼這座天宮，並說此塔的高度高於百茵神廟，他對此建築有以下的描述「………其蒞事處有金窗，櫺左右方柱，上有鏡約四、五十面，列於窗之旁。其下為象形，聞內中多有奇處，防禁甚嚴，不可得而見也。其內有金塔，國王夜臥其上。」

高棉的古代神話中，的確記載著天宮的閣樓裡住了一位九頭蛇的神祇，這位蛇神幻化成一位女子，而高棉的國王在臨幸他的后妃之前，必須每夜與這個蛇神在天宮的金塔中共眠，如果不這麼做，王朝的國祚將有斷絕的危機。

在進入天宮的門廊上頭刻有一些當時讚頌帝國的文字，在天宮的北側則建有兩座屬於皇宮的浴池，男浴池的規模較大但較淺，邊緣飾有魚、螃蟹、神話水生動物等雕刻，有趣的是，有些雕刻中的大魚還長著角，男浴池的上頭還刻有蛇神跟一些教徒膜拜的場景，而女浴池（Srah Srei）的規模較小且深，不過時至今日，這兩座浴池已經成為當地小孩嬉戲用的游泳池了，池面上還長著一些蓮花，我造訪的時候便見到幾個孩子在那裡玩得不亦樂乎，這種場景在柬埔寨境內處處可見。

天宮的建築形式有點類似古代馬雅的金字塔，從四邊的階梯可以爬上天宮的頂部，階梯的入口處各有石獅站立，而天宮的四

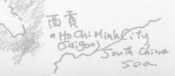

天宮的全景，天宮的狀況不算是太好，周達觀在書中描述的壯麗風景早成了追憶。

個角落原本也有石象矗立，但是因為年代已久，石象已經很難分
辨出來了，登上天宮之後你可以眺望附近的巴本宮，巴本宮被周
達觀稱之為銅塔，還說銅塔要比金塔更高。

巴本宮──吳哥窟的先聲

　　巴本宮（Baphoun）建於十一世紀中期，當時的君主是鳥達雅迪雅華爾曼二世（Udayadityavarman II，1050-1066），古時巴本宮的規模雄偉，周達觀也曾敘述過它宏偉的一面，但是今日我們很難看出當時的榮景，因為巴本宮目前在整修當中，我們也只能在巴本宮的周圍看看它大致的樣子。

巴本宮的遠景，目前維護中的巴本宮是不對外開放的。

巴本宮的四周已經用圍幕罩起，由聯合國出資整修的工程將會持續一陣子，而整個整修工程預計需要美金一千萬元左右，原本整修工程預計在二〇〇四年完工，不過，二〇〇五年我造訪的時候，巴本宮還罩著圍幕，顯然是工程落後了。

巴本宮的浮雕形式與其他神廟相異，學者們以巴本風格定義這種浮雕，它的特色是浮雕的花樣以小方塊的石頭雕成的，然後再一片片粘在牆壁上，這種造型比較類似於磁磚的做法。巴本宮的浮雕內容，泰半與印度教的神話相關，但是也包含了許多古代高棉人的日常生活片段，其中最常出現的是狩獵的場景。

巴本宮還有一大特色是，在進入主殿之前必須通過一座橋，這種形式在古代高棉的神廟建築中十分罕見，學者們認為，巴本宮的形式是吳哥窟的先聲，仔細觀察巴本宮的造型的確也與吳哥窟有些神似；有些學者則認為，巴本宮在安哥通城的地位也是須彌山，因為它的年代尚要較百茵神廟為早，所以這種推斷也不無可能性，根據記載，原本巴本宮是有一座神龕在塔頂的，其神龕的平臺造型呈五角形而非一般所見的四角形，但是神龕也早已經毀壞。

如果你有幸進入巴本宮的後半段，你會見到一座始建於十五世紀的臥佛的遺址，但是因為年代已久，臥佛僅僅剩下一堆斷垣殘壁罷了，若非經人解說大概也難以猜出它原來是一座臥佛，

而事實上，這座臥佛從十五世紀以來也從未完工過，所以更難從現在的遺址現場去想像它原來是一座臥佛。

四百年來這裡是鳥獸的聚會場所

安哥通城的歷史，自從加亞華爾曼七世去世之後便逐漸銷聲匿跡，古高棉帝國的國勢也從那時驟衰，緊接著佛教也重新被印度教所取代，分崩的國勢引起了臨國暹羅（今泰國）的覬覦，暹羅趁機不斷地侵擾，而終於在1431年攻下了安哥通城，入侵的暹羅軍隊將宮殿中的珍寶、神廟中的金佛洗劫一空，王朝的首都最後被迫遷往金邊（Phnom Penh），安哥通城此後被冷落了四百餘年。

這四百年來，傾頹的宮殿成了鳥獸的聚會場所，巨樹與藤蔓也來與鳥獸們分一杯羹，林蔭深處的重重宮闕鍍上了一層層苔蘚的新綠地毯，鸚鵡在宮中唱起了牠們新製的伊啞歌曲，獼猴在宮殿與林間盪遊著，落葉也在這個舞台上競相飛揚，堂堂的皇城究竟成了大自然的演奏場。

這樣的情形，一直到了近代才由法國的探險家所終結。

發現古文明遺址的法國探險家，在返回歐洲後欣喜若狂地向世人介紹了這些遺址，而也就是在那時候這些遺址引起了歐洲人

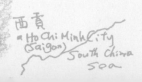

這是安哥通城裡的一位戰爭受害者，地雷在柬埔寨依然是個嚴重的問題。

的關切，許多學者（多數是法國人）不遠千里而來，為的就是親眼看看這些奇異的古文明。

安哥通城是加亞華爾曼七世的中興力作，因此所有的城池與神廟皆氣派非凡，然而，由於遺址的範圍廣大，探訪者要遊覽的話需要不少的時間。而且，在柬埔寨的炎熱天氣下，遊覽古蹟成了一件頗為困難的任務，不過，與那些在古蹟附近兜售紀念品的孩子們比起來，遊人是幸福的，那些孩子有的無法受教育，有的身體殘缺，殘缺很多是因為誤觸了地雷，或是工作時受的傷，戰爭的烙印深深地遺留在這些無辜的孩子身上。

我在安哥通城遊覽時，便曾見過一個僅存右手完好的小妹妹，她已經被炸斷的雙腿在地上拖行著，一層層的厚繭結在原本應該是她的膝蓋的肌肉上，她默默不語地發呆著，一頂破爛的帽子擺在她的面前，那是她僅有的謀生工具，衣衫襤褸的她臉上已經沒有了笑容，當我與這個小女孩四目相望的當下，簡直讓我忍不住地掉淚。

先前我的司機告訴我，在柬埔寨是沒有所謂的義務教育的，「貧苦人家的孩子基本上受教育的機會是很少的，而那些貧苦人家也多半不願意孩子受教育，他們寧願讓孩子下田工作，因為法律並無規定家長必須送孩子上學。」

我在金邊時的司機也告訴我：「政府一個月給我的薪水只有美金20元，所以，柬埔寨的老師都兼著其他的工作，柬埔寨的孩子很多在讀完小學教育之後便失學了，在鄉下地區甚至很多小孩無法上小學，因為他們要幫父母工作。」

就是因為目睹了柬埔寨的悲涼，所以外國的遊客對當地孩子

都頗為慷慨，最難能可貴的是那些柬埔寨的孩子依舊笑得燦爛，即使你不買他們的東西，他們也不會糾纏你，不知道是他們的樂觀天性使然，或者是千百年來的宗教陶冶，那些孩子笑得如同一朵朵盛開的蓮花。

由於天氣實在太熱，那天，我的司機早在百茵神廟道路旁的小店裡納涼，我們約好十一點見的，十一點時我拖著一身的攝影裝備口乾舌燥的與他會合時，他正兀自躺在高棉典型的吊床裡呼呼大睡，這個時候的高棉人做的事大多和他一樣，因為天氣實在是太熱了！

小店的老闆娘也猛搖扇子對我笑，我坐了下來，點了一杯可樂，我的背包裡所攜帶的水早已喝完，天氣實在是太熱，我拿起杯子猛灌著可樂又不停地擦汗，我的司機這時才伸個懶腰起來，想想他也是幸福的啊！

造訪塔普倫應該在清晨或是黃昏，
如此你才能看見它最美的一面。
近幾年來，有許多電影在此地取景，
《古墓奇兵》就是其中一例，
電影的強力宣傳也使得塔普倫寺因而聲名大噪。

塔普倫內崩塌的迴廊。

國王獻給母親的禮物
——塔普倫寺

　　塔普倫的意義為紀念梵天之神（Ancestor Brahma）。塔普倫寺（Ta Phrom，也譯為「母廟」）就是我們休息過後所到的第一座神廟，那是一座曾經被叢林吞噬的神廟，即使到了今天，造訪塔普倫寺仍然能夠感受到當年法國探險家們的興奮心情，因為它的外觀其實與百年之前並無二致，所不同的只是近代已經將通往塔普倫寺的小徑整理出來以便於遊客的造訪，近幾年來，也有許多電影在此地取景，好萊塢電影《古墓奇兵》就是其中一例，電影的強力宣傳也使得塔普倫寺因而聲名大噪。

　　從百茵神廟到塔普倫寺其實不算太遠，途中還會經過塔高神廟（Ta Keo），一

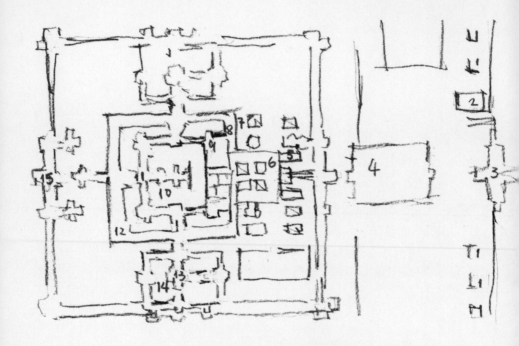

Ta Prohm塔普倫簡圖

1. 正方形外室　　9. 長廊

2. 廳堂　　　　　10. 中央庭院

3. 東廟門及塔　　11. 中央庭院入口

4. 有長廊的庭院　12. 內牆

5. 小室　　　　　13. 塔

6. 銘文　　　　　14. 附屬建築物

7. 內庭　　　　　15. 廟門

8. 走道

如埃及一般，高棉王朝的神廟幾乎都有雷同的地方，像是塔高神廟便與天宮（Phimeanakas）神似，但是在規模上塔高神廟要大上很多。

塔普倫是加亞華爾曼七世獻給母親的禮物，建築年代在十二世紀中葉到十三世紀初期，屬於百茵建築風格，你可以找出塔普倫的藝術風格與百茵神廟神似的地方，它的信仰屬於佛教，裡頭供奉的是菩薩，菩薩的造型據說是根據加亞華爾曼七世母親的樣子而型塑的。

考古學家認為，塔普倫在當時是一座醫院與修道院的綜合建築，做為一座修道院，它誠然是吳哥範圍內最大的一座，比較特別的是，根據考古出土的梵文石刻記載，當時的塔普倫統領著3,140個小村莊，而負責維護塔普倫神廟的人就將近有8,000人，其中包含18個高僧，2,740個官員，2,202個助手，以及615個舞者，而當時塔普倫神廟的周圍飾滿了各種奇珍異寶——金盤500公斤、珍珠40,620顆、鑽石35顆、寶石4,540顆，還有876匹來自於中國的紗、512匹絲、523把華蓋等等，即使考慮當時為誇耀帝國光榮而誇張記載的可能性，但是無可否認的是當時的塔普倫神廟的確佔有很重要的地位。

塔普倫寺的格局，以一組組環繞著神龕的高低建築所組成。在形式上，它服膺了古代高棉神廟建築裡最強調的對稱原則，在神廟的入口處北側，有一棟建築物被稱之為「跳舞的廳堂」，據考證應該是當時舞者表演舞蹈的地方，但是因為毀損嚴重，今日我們已經無緣往內深探，也只能憑想像去重組當時那些舞者的曼妙舞姿。

塔普倫的巨樹，聯合國教科文組織在維護塔普倫時遇見的困境多半是到底該不該將樹砍掉，將樹砍掉通常建築也會瓦解，不砍的話樹木又會盤據整座建築。

　　塔普倫寺有許多描述佛陀故事的浮雕，從此也可以看出，在當時加亞華爾曼七世信佛之虔誠，浮雕裡也有許多飛天仙女的款式。此外，塔普倫寺的門與窗也是令人驚異的，其精美的程度往往令人駐足細看而不忍離去，塔普倫寺最中央的神龕往往會被人遺忘，因為它原先的精美浮雕、圖案與雕像都已經不見，所以遊人反

而會忽略中央神龕的部分。

　　然而，這座神廟最吸引人之處，除了她的藝術成就之外，最美的是她的氛圍（aura），遲至十九世紀中葉，法國探險家才從茂密的叢林中披荊斬棘地發現了塔普倫神廟，沉寂了數百年的神廟早已被巨樹的虯髯蒼根盤踞，

1. 塔普倫內荒廢的石雕，雕的是金翅鳥神坐在蛇神之上，作品風格大膽強烈。
2. 塔普倫內一面遭到嚴重盜取的牆，牆上的佛陀早被盜取變賣了。
3. 塔普倫內的一隅，樹的根老早滲進了仙女居住的石牆內，不知道仙女是否心慌於樹根的攪掠，或是依舊穩如泰山的微笑著呢？

1

3　　2

199

一種淒美的浪漫在傾頹的宮殿裡發酵著，長長的迴廊裡跫音輕響，回音裡和著空氣裡的清氛，長青的藤蔓纏繞在精雕細琢的牆上，拔地而起的樹木像是擎天一柱般矗立，那些根莖有些騎上了屋簷、有些攀上了城垣，有些還在長長的迴廊裡無聲蔓延，那些在大樹懷抱裡的舞孃度了一層青蔥的肌膚，那些仙女的微笑依舊，婀娜如昔，彷彿美麗的鬼魅就在黃鍾毀棄的廟宇裡遊盪著，黃昏與清晨裡的塔普倫就更有那種淒迷的神韻。

塔高神廟：未完成的迷幻水晶塔

塔高神廟的未完成，反而透出一種迷幻的氣氛，在那種極簡單的堆積中，你可以看見一座神廟最初始的模樣。塔內神廟則幾

1. 塔普倫的大樹已經牢牢地將石牆攫住，這對於古蹟的維護形成一大挑戰。
2. 塔普倫的正面前景。
3. 塔普倫內殘破角落的仙女，似乎是倆倆相背無言。
4. 塔普倫碩大的巨樹，樹上常常盤據著一群聒噪的鸚鵡。
5. 即使堅如磐石，塔普倫的身形也早已經萎謝，昔日的雕樑畫棟很多都成了殘破的風景。

乎被人刻意遺忘一般，像一首無名的小詩，靜靜地開放在寂寞的人間。

當時人稱「水晶之塔」的塔高神廟（Ta Keo），屬於印度教的神廟，建來奉獻給濕婆神的。有學者認為，塔高亦象徵著須彌山，建於十世紀末至十一世紀初（加亞華爾曼五世至蘇利亞華爾曼一世統治時期）的塔高神廟，在古代高棉眾多神廟裡算是奇葩，因為塔高神廟並未建造完成，至今仍維持在極簡的風格中，那些堆砌的石塊依然工整地排列在一起。

不過，也因為它未完成而留下了諸多線索供後世學者研究，例如，它尚未雕琢的石塊，直接證明了當時的工匠是先堆砌出神廟外貌，接著才在石塊上雕刻。

塔高神廟是吳哥範圍內最大的塔狀神

廟，關於它未完工的說法不一，有一說認為，君王駕崩所以工事停頓；另一說則認為，塔高興建期間遭到雷擊，此不祥之兆使得工程停頓；還有一說相信，雷擊之後復工但是卻又遭逢雷擊，最後便真的停工了。

如果當時將工程完工，那麼，高22公尺的塔高神廟會是吳哥範圍內最雄偉壯觀的神廟了，塔高神廟在最上層有五座塔，在第二層有浮雕與磚造的屋頂，這磚造的屋頂是首次出現在相同類型的神廟裡，不過這構造目前也已經剩下殘蹟而已。

我們在那個炎熱的午後造訪塔高，站在塔高前，你會震懾於它的雄偉氣勢，不僅如此，它的未完成反而成為一種迷幻的氣氛，在那種極簡單的堆積中，你可以看見一座神廟最初始的模樣，只是塔高實在是高了一些，那一段有點艱辛的攀爬倒像是登上北京近郊的居庸關長城──辛苦而且揮汗如雨，於是我們寧願只是佇立在下層仰望上層的巍巍。

塔內神廟的精美浮雕，飛天仙女像是會開口說話一般。

塔內神廟：落入叢林的精靈

　　塔內神廟（Ta Nei）是建於十二世紀晚期的佛教神廟，小巧玲瓏的塔內神廟比起塔高神廟的雄偉另有一番風情，它猶如鄰家女孩的身影也叫人耳目一新。

　　塔內神廟內僅有兩座十字型小小的神殿，從前的外牆已經在

歷史的洪流裡消失，既無氣派的圍牆也無廣大的中庭，既也沒有高聳的塔身，也沒有繁複的迴廊。

即使如此，塔內神廟的保存狀況卻十分良好，尤其它的假門、假窗與精美浮雕更是令人百看不厭，有學者認為，塔內神廟是百茵風格的尾聲，百茵風格的神廟以此為最後的壓軸，在這之後，百茵

塔內神廟的側影。

的風格就逐漸淡出高棉藝術的舞台。

關於塔內的浮雕藝術，在南側的神殿的北面浮雕裡，刻有一位在皇宮裡為孩子們祝福的祈禱者，這位祈禱者的上頭刻著飛天仙女；而在北側的神殿的南面浮雕裡，則刻有一位騎士揮舞著他的武器，其他各面也皆有保存狀況良好的精緻浮雕。

此外，在神廟的基座附近的浮雕也是觀賞重點，那些描述神祇的雕刻一樣動人，不過，遊人往往輕易地掠過塔內神廟逕自往其他神廟前去，他們不會知道原來小徑旁的塔內神廟有著精巧細緻的模樣，他們也不會知道塔內神廟的飛天仙女曼妙的舞姿不亞於其他大型神廟。

感覺上，塔內神廟幾乎被人刻意的遺忘一般——儘管今日它就清清楚楚地矗立在道旁，然而，它就像一首無名的小詩，靜靜地開放在寂寞的人間，也是因為這樣反而讓造訪塔內成了一件快意的事，因為你毋須等待朝拜它的遊人散去。

如果你喜歡，你隨時可以按下快門，毋須刻意等待，也毋須說著excuse me，即使陽光炙烈，徜徉在塔內的懷抱裡卻有一種薄荷般的清爽。

神聖之劍——普利漢寺

　　察覺天氣炎熱不適合在外頭奔波的我，決定出門要等到正午炎陽開始減弱的時候，那一天，我的司機笑我竟然大老遠跑到柬埔寨睡懶覺，他哪裡知道，柬埔寨的陽光對於一個外國人有多大的殺傷力。

　　那年夏天，我在希臘與埃及旅行的時候，多半也是挑下午的時候出門，不然，燒灼的陽光簡直會讓人脫水，我真的見過外國人在埃及的烈陽下不支倒地，當時高達攝氏47度，柬埔寨的陽光雖然不若埃及那般毒辣，但是，那樣的陽光要將你身上的肌膚脫一層皮下來也絕非難事，我就在柬埔寨曬了一身黑又脫了皮。雖然黝黑的肌膚是旅人的本色，但是曬黑了肌膚如何善後那才是重點，我在希臘與埃及旅行時，只要出門，必定是全副武裝，除了攜帶一頂遮陽帽和大量的水之外，只要曬得到陽光的地方我全都塗上一層防曬油，原本不喜歡在身上塗東西的我，當時也不得不採取非常手段。

　　在柬埔寨旅行時，經常就能看見拿著防曬乳液往身上塗抹的外國人，而忘了帶防曬乳液的我當時倒不是那樣的在意，不過幾天之後，我的臉上便開始脫皮了，即使出門戴著帽子，也難以抵擋當地的毒辣陽光，柬埔寨的陽光在正午時分可以不費吹灰之力叫你乖乖躲在室內喘息。

　　那天的午後，我去了普利漢神廟，普利漢神廟的位置比之前的那些廟宇更深入叢林，去普利漢神廟的路上，經常可以見到成群的獼猴慢踱在路上，而天上飛的是鸚鵡，牠們伊啞的叫聲在豔陽下迴旋。

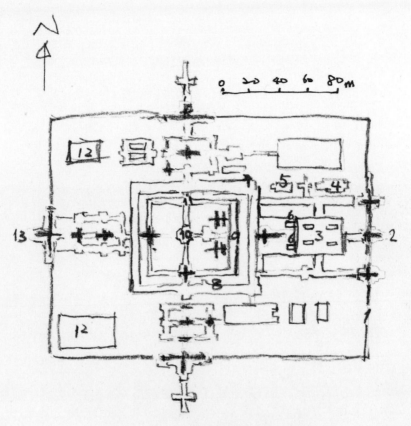

Preah Khan普利漢神廟簡圖

1. 外牆
2. 東廟門及塔
3. 小庭院
4. 西方式圓柱建築
5. 平臺
6. 藏經閣
7. 內牆1
8. 內牆2
9. 銘文
10. 中央神龕
11. 北廟門及塔
12. 小廳堂
13. 西廟門及塔

古木參天的叢林裡，熱帶的韻味經久不散。

普利漢神廟根據考古學家推測，建築年代要早於其他的安哥通城神廟，而安哥通城神廟群的風格大抵脫胎於普利漢神廟，例

普利漢一眼望不盡的穿廊，每一道光都在那裡留下了顯影。

如普利漢神廟的入口處有手持蟒蛇的巨大門神達拉帕拉（Dvarapala），而這樣的神像同樣可見於其他神廟。考古學家認為，普利漢神廟早期曾作為加亞華爾曼七世的居所。

　　從藝術風格看來，普利漢神廟和塔普倫神廟有異曲同工之妙，它們是古代高棉神廟群中的兩顆璀璨寶石，也同屬於佛教的廟宇，但是，普利漢神廟的結構顯得比較侷促一些，在藝術風格上兩者皆屬於百茵風格，即使在氛圍上兩者也類似，普利漢神廟也擁有塔普倫那種的滄桑與迷離，自然的雕工也在這裡刻下了幾百年來的物換星移，蒼綠的迷濛與清

1. 未完成的塔高根據文獻記載，當時的人以「水晶之塔」稱呼它，未完成的塔高有一種極簡的風格。
2. 塔內的廟門有著精緻的雕刻，其精緻程度不亞於任何一座大型神廟。
3. 塔內的葉形浮雕特寫。

普利漢精美的浮雕，望著望著不覺得脖子痠了起來

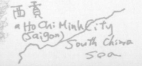

早微弱的陽光一樣在這裡發酵，好似紀念母親的塔普倫與紀念父親的普利漢也在冥界會合了。

古老傳說中的聖劍

　　普利漢神廟又稱「藏劍寺」、「父廟」，最初是一座佛教神廟，但是之後它被用來祭祀印度教中的昆濕奴與濕婆神，在神廟

1. 普利漢神廟內已經被破壞的神祇，可見過去紛擾的年代裡，這些古蹟是多麼脆弱。
2. 普利漢的入口正面，圖左可見天神扶起的蛇神。
3 普利漢神廟內的林迦與優尼。

的西側是祭祀毘濕奴的神殿，而北側則是用來祭祀濕婆神的神殿，至於南側則是用來祭祀加亞華爾曼七世的父親。

　　至於為何會有這種宗教上相衝突的地方，則與古代高棉歷史有很大的關係。加亞華爾曼七世雖然篤信佛教，但是，在他駕崩之後，高棉又重新回到印度教的懷抱，也因此普利漢神廟內的佛陀造像曾經被大規模移走或遭毀壞。

　　建於西元1191年的普利漢神廟，也是一座修道院，它亦負有學校傳道的功能，從東側入口進入普利漢是最佳的選擇，你會在入口的牆上看見美麗的金翅鳥神的浮雕，普利漢的金翅鳥神浮雕是吳哥範圍內之最。

令人驚訝的圓柱建築物，它的外觀很類似西
方建築，這樣的建築只有普利漢神廟才有，
有學者認為可能是藏劍閣。

　　這些浮雕的總數有68個，它們
分布於35公尺的牆上，從東門進入
普利漢，你會經過一條有蛇神在兩
側的參道，當中的精緻石雕也不容
小覷，接著，如果你順著普利漢神
廟的中路走，你也會發現普利漢也
有一處跳舞的廳堂，有八個飛天仙
女被刻在上頭。

　　普利漢神廟的輝煌不亞於塔普
倫，不過，普利漢有一個特別之處
是吳哥範圍內所獨有，那就是在普
利漢的角落有一座非常獨特的建築
物，由巨大圓柱構成的開放性建築
物實在像極了西方的樣式，有學者認為，當時的聖劍便是放在這
建築物裡。普利漢神廟的中心部位比其他部分要來得高，這也反
映了須彌山的概念，而須彌山的概念在古代高棉神廟裡幾乎無處
不在。

　　在1939年出土的一塊石碑上，記載普利漢曾是古代一座重要
城市的名字，這座名為「普利漢」的城市有著泰文（Thai）上的
意義，其意義為「神聖之劍」。

　　神聖之劍的傳說，在高棉王朝中流傳已久，傳說加亞華爾曼
二世（Jayavarman II）將一把神聖之劍交給了他的繼承者，而此
後的繼承者也擁有了這把用以護衛高棉王朝的劍，正由於這個傳
說，所以有學者相信，那把神聖之劍就存放在這座神廟裡。

　　根據考古學家的看法，普利漢與塔普倫這兩座神廟都是君主舉
行大型宴會的場所，那些宴會或者為紀念國王的生日而舉辦，或者
為祭祀神祇的節日而慶祝，宴會的場面極為壯觀，安可通城的百萬

居民手持火炬在城內大肆慶祝，紅紅的火光將整個天空染紅，城外的護城河也閃爍著點點火焰。這樣的場面，若是當時的羅馬人見著了，必定也是瞠目結舌。

普利漢神廟最引人入勝的地方，可能是那一眼望不盡的穿廊。

從神廟的入口望去，只見一列漸漸縮小的長方形日光被數不清的門楣罩住，那數不清的門楣都刻以繁複的圖案，石門的兩旁都有手持蓮花的女神佇立著，整座神廟綴以變化豐富的浮雕，每跨過一道石門彷彿見到了不同的花樣，每穿過一次走廊彷彿又見到了不同的光景。就是在這種日光與陰影之間的對話裡遊盪，彷彿也忘了光陰是幾何了，而且那些扭曲的盤根錯節也不再是陰鬱的糾纏。

那停在枝椏上的鸚鵡，依舊扯著嗓子奮力高歌，呼朋引伴的牠們倒是增添了許多喜劇的效果，不過往往一陣高歌之後，牠們就振翅飛向其他的叢林裡，霎時，整個空間突然插入了一個休止符，高枝底下的佛陀、獅群、靈蛇、舞者全都只能默然以對。

進入普利漢之前的七頭蛇神造型，一群天神捧著一隻巨大的七頭蛇神，這個造型源自於翻騰乳海的故事，造型誇張大膽令人印象深刻。

　　那個午後，在普利漢神廟裡閒逛的旅者不多，或者大家都被吳哥窟的雄偉震懾住了，或是困在百茵的微笑裡無法脫身，也許只是走累了，正坐在小店裡喝著椰汁，總之，似乎普利漢神廟已經早被遺忘了，旅者的贊歎宛若夢囈呢喃，光影浮動，寂靜是這一小小的宇宙。

　　細賞著普利漢的時候與三個老人相會了，他們是一個日本男人、一個柬埔寨女人，還有一個是操著英國口音的女人，我們不約而同地坐在同一塊石頭上歇息，他們看來是一道出遊的。

　　那個操著英國口音的女人客氣的與我聊了起來，她驚訝於我能猜出她的口音，其實那根本不難，最有趣的是，我們聊開後才發現她原來住在Bristol的郊區。

　　「世界真小！」她訝異的地著。

　　我好像很容易遇見從Bristol來的英國人，之前在西班牙遇過一次，又在大陸的

黃山遇過一次，大概是英國人本就著迷於旅行吧！所以要遇見英國人其實不難，但是要遇見Bristol來的英國人的機會大概也不多吧！

原來她在柬埔寨工作已經三年多了，她為英國政府的組織工作，因為住在柬埔寨三年多了，所以她也懂得說高棉語，高棉語聽起來有些像是泰國話，高棉語中數字的發音有些與中文雷同，所以，買東西的時候，我有時也能意會對方說的數字。

不過，大體上高棉語是很饒舌的，我在柬埔寨兩個星期只學得高棉語中的「謝謝」，高棉語的「謝

普利漢神廟內碩果僅存的大型林迦石雕，這座林迦石雕算是保存狀況十分良好的一座。林迦的形狀並非單純的圓柱體，其頂端為橢圓形，中段則呈八角形，底部與地面相接者則為正方形。

1. 蟠龍宮的中央神龕與巨型象徵觀世音的馬石雕遠景。
2. 蟠龍宮的象頭噴嘴，象噴嘴主水位在北，古代高棉也有類似中國五行之說。
3. 蟠龍宮的巨大蛇神石雕局部特寫。
4. 蟠龍宮的蛇神蛇尾，整座蟠龍宮好似夢幻的裝置藝術。
5. 蟠龍宮的獅頭噴嘴，獅噴嘴主火位在南。
6. 蟠龍宮的巨大蛇神雕像應該是吳哥地區最大的。

謝」發音類似中文的「歐棍」，柬埔寨人通常是淳樸的，每當我買東西時總會向他們說「歐棍」，他們一聽見你說「謝謝」都會笑得很開心。

柬埔寨人也很誠實，如果你買東西時錢給多了，他們會把多餘的錢自動退還給你，在某些落後地方如果一樣的情形發生，很可能就是對方裝著不知情然後把錢收下。

我與那個英國女人聊起了柬埔寨的警察，她說千萬不要在晚上走在暗巷裡，因為除了歹徒之外你也可能遇見警察，那些警察看見了外國人就好像是蒼蠅見著了血，她說，有一次她在晚上開車時，路上的一群警察將她攔下，開口就是50元美金。

「如果妳拒付的話會如何呢？」我問她。

「喔！他們會隨便編一個罪名，然後把你關入牢中！」她嚴肅地說著。

我在金邊的司機也曾說，有一天下午，他載了一個日本女孩在金邊遊覽時，半路卻被警察攔了下來，警察一開口也是50元美金，有趣的是，他一路殺價最後殺成了5元美金，即使如此，那位日本女孩依舊堅持不付警察口中所謂的「罰款」。

最後，我的司機動用了他的關係，才擺脫了那群嗜血的禿鷹。

蟠龍纏繞的宮殿——蟠龍宮

相對於寂靜的普利漢，蟠龍宮（Neak Pean）是熱鬧非凡的。蟠龍宮的小巧引來了一群群的朝聖者，不過，那一車車的朝聖者全是柬埔寨人，這倒是少見的。

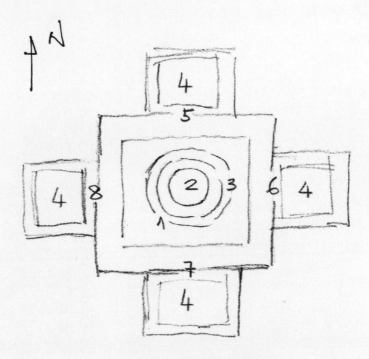

Neak Pean蟠龍宮簡圖

1. 中央小島

2. 中

3. 象徵觀世音的馬型石雕

4. 水池

5. 象頭噴嘴

6. 人頭噴嘴

7. 獅頭噴嘴

8. 馬頭噴嘴

蟠龍宮亦是佛教的神廟，它的藝術風格亦也屬於百茵，它是祭祀觀世音（Avalokiteshvara）的佛教神廟，而它的位置與普利漢在同一軸線上。蟠龍宮的特殊之處在於它是由五座池塘所組成的，中央的池塘象徵喜瑪拉雅山下的聖湖（Anavatapta），其代表意義為「宇宙的最高處」，傳說中印度Anavatapta湖裡的聖水具有神奇的療效。

這使我想起我在四川理塘的長青春科爾寺所見的壁畫，長青春科爾寺為藏傳佛教中格魯派的喇嘛寺，寺中有繁美的壁畫，壁畫中亦有喜瑪拉雅山，喜瑪拉雅山山下也有湖泊，而喜瑪拉雅山山上的天空則有雷公、電母與天女散花。

當時，我的藏族好友達吉次力曾解釋說，凡是藏傳佛教中的寺廟皆有這樣的壁畫，藏傳佛教中認為喜瑪拉雅山乃宇宙中的神聖之地，從喜瑪拉雅山上流下的雪水匯聚成地球上的四大河流，這四大河流在蟠龍宮則以四種不同的噴嘴作為代表，它們分別是象、馬、獅、人。

在古代，蟠龍宮的池水必須維持潔淨以迎接無瑕的天光，因為蟠龍宮代表著的是「宇宙間聖潔崇高之地」，而當時的人們也相信池水具有聖潔的療效，蟠龍宮的五座池

蟠龍宮的中央聖池遠景。

塘中是由中央的大池（每邊長70公尺的正方形池塘）與其他四個小池所組成。

中央大池的中心是一座小島，島上有一座代表須彌山的小寺廟，這小神廟在1935年之前被一株大樹包裹住，直到有一次的颶

蟠龍宮聖池裡象徵觀世音的馬造型石雕。

風將大樹吹倒之後，小神廟才得以重見天日。

　　中心小島的底座，由一條兩頭蛇蛇神環繞著，而蟠龍宮的高棉文原義即為「纏繞的巨蛇」，兩頭蛇的蛇首是典型的七頭蛇，牠們除了護衛蟠龍宮之外，也歡迎著乘小船從蟠龍宮進入天堂的人們。

　　小島其實是一座祭祀用的巨型十字型神龕，神龕上以蓮花浮雕與佛陀故事為裝飾。神龕東面是關於佛陀的生活，西面是佛陀的出家故事，北面則是佛陀落髮的場景，南面是佛陀沉思圖。這座神龕有四個門，不過其中三個是裝飾性質的門，此三個門上雕有觀世音的造像，整個神龕象徵著一座潔白的花瓶。

　　古時的蟠龍宮，也是供高棉公主們奉獻祭祀之處，從前的池水裡也栽植著蓮花。

聖池裡具有療效的聖水

　　蟠龍宮在古時也是一座療養院，中央的大池又被稱為「聖池」，聖池的池水分別流向四個小池，四個小池內都有一圓座拱型屋頂的建築物，屋內分別有象（北方代表水）、馬（西方代表風）、獅（南方代表火）、人（東方代表土）等等雕像噴嘴以導引主池的水進入小池。

　　據悉，當時的聖池中種有草藥，當雨季來臨時，聖池的池水會滿溢到四個小池內，藥草會在

池水中分解成為具有治療效果的聖水，四個小池則各具療效，患者依照當時祭司的診療在不同的小池內淋身治病，小池的出水口上方如今依然可以發現描繪當年診治病人的浮雕，周達觀在他的《真臘風土記》中對蟠龍宮也多所描述。

　　我兩次造訪蟠龍宮的時候，池水都是乾涸的，人們便容易攀爬那座小島，從前神聖的地方如今已經成了舉手可及之地。

　　而在神龕的底部靠近階梯旁，有一座十分特別的巨型石雕，石雕雕的是觀世音的一種造型——眾人攀附的神馬，此神馬即是觀世音菩薩的化身，池中的神馬背負著因船難落水的眾生，古時與今日的高棉均十分仰賴水運，因此人們期望觀世音能拯救落水者，從此石雕可以看出落水者抓住馬尾企圖求生，不過，此石雕曾經嚴重毀損，直到1920年代才重新被法國的學者組合起來，不過許多的部位已經難以找到。

　　大概是好奇吧！逛蟠龍宮的那些柬埔寨人都往我身上瞧，他們大概分不清我是否是個外國人，我的司機之前就笑著說，晚上想帶我去暹粒的night club，他說，只要我不出聲，應該沒人會認為我是個外國人。

　　「這樣就沒有妓女找上你啦！」他

笑著說。

　　他不是開玩笑的，因為在柬埔寨賣淫的問題很嚴重，我在金邊的司機也說日本男人最愛在金邊買春，原因是柬埔寨的妓女很便宜，他當時還笑著問我要不要試試，我笑著說敬謝不敏，他

蟠龍宮的遠景，乾季的聖池成了一蹴可幾的平凡地方。

說：「放心啦！戴上了保險套就沒事啦！」

　　對於他的這一番勸進，真是讓我哭笑不得，我的司機會這樣開玩笑是有其背景的，因為他載過的日本男人都會問他：何處可以找到便宜又性感的柬埔寨女人，他一度也以為我是日本人。

　　我當時在暹粒都是跟著司機的，我的司機成了我在暹粒的全職嚮導，也因為他，我吃到了最道地的當地菜，那天晚上，他帶

蟠龍宮的人頭噴嘴。

我去吃高棉火鍋，那可是很新奇的。

「在柬埔寨這麼炎熱的地方適合吃火鍋嗎？」當時我是心存懷疑的。

我們穿過了許多的小巷到了一家不太起眼的小店，雖然小店不太起眼但卻座無虛席，許多顧客騎著摩托車前來，小店旁的停車場幾乎停滿了摩托車。那火鍋的湯底是正宗的當地酸辣口味，一桌的配料有牛肉、羊肉、粉絲等等，當然免不了有幾碟的辣椒與醬料，還有一些是我從沒吃過的蔬菜，不過那些蔬菜都有一個特點，那就是味道都很清香，火鍋的滋味很棒而且很便宜，我和司機在那裡飽餐一頓才美金3元。

不過，當我第二次造訪暹粒時，情形已經有點不一樣，當地人一見我們是外國人便自動抬價，不過兩年的光景，真是感嘆柬埔寨變化之大。

除了火鍋之外，我記得最清楚的是暹粒的椰子奶昔（coconut shake），那天中午之後，在司機的帶領下到了市集裡的小店，午餐的那盤炒飯雖然不是很特別，但是飯後的那一杯椰子奶昔就叫人印象深刻，除了因為味道甜美之外，最重要的是在那樣的大熱天裡，那一杯直衝腦門的冰鎮奶昔只能用「痛快」兩個字來形容。

那一杯急凍奶昔，也讓我想起了希臘的yogurt shake（優格奶昔），那年夏天在希臘的海島上，我最愛點當地的優格奶昔，在攝氏40多度的大熱天裡沒有比喝冰涼奶昔更過癮的事了！

與朋美東
羅洛士遺跡

在塔松，
光的描繪為樹的青綠
塗上了一層淡淡的淡妝。
我們在黃昏的斜陽裡造訪塔松，
塔松沈浸在最美的情調裡，
天色不暗也不明，
斜倚的太陽將光灑在塔松的肩上，
彷彿塔松的細髮也染上了一層金黃。

神廟的精緻石象，東美朋的石
哥地區保持最完整者。

塔松神廟：佛陀與妖魔的鬥爭

　　完成於十二世紀末被用做祭祀加亞華爾曼七世父親的塔松神廟（Ta Som）也屬於佛教神廟，展現百茵藝術風格，而它的地理位置則位於蟠龍宮的東方，塔松神廟的規模不算太大，但是其精緻的程度與其他神廟相較則不分軒輕。比較特別的是，它的東、西廟門設計類似於安哥通城的城門，廟門之上也有四面容顏，有學者認為那是觀世音的容顏，不過，塔松的門要比安哥通城的城門小很多。

　　在情境上，塔松與塔普倫有異曲同工之妙，只要看看塔松的東門就可以理解，因為塔松的東門已經被巨木盤據住了，情形與塔普倫類似，樹根已經將廟門整個包覆了，似乎整座神廟都在樹

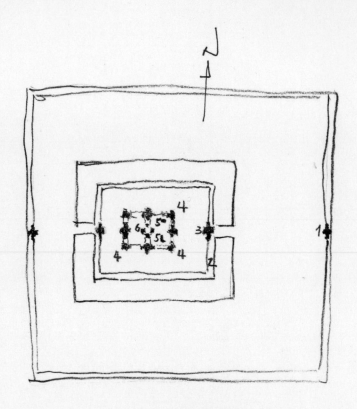

Ta Som 塔松簡圖

1. 東廟門及塔

2. 內牆

3. 廟門

4. 圓柱

5. 藏經閣

6. 中央神龕

族的勢力範圍內。

高棉人認為，這是佛陀與妖魔的鬥爭，細長的樹根恍若妖魔伸向人間的魔爪，在長達幾百年的鬥爭裡，佛陀沒有佔上風，但是妖魔也沒有全盤獲勝。

塔松的格局與塔內似乎也存在著相似之處，規模都不大，雖然塔松的佔地比塔內廣大得多，但也一樣僅僅只有兩座小型的神殿，雖然塔松也還擁有其他小型的建築諸如藏經閣等等，但是，基本上塔松的主要建築也只有兩座，塔松的神殿造型與塔內一樣是十字型的，它的位置則與普利漢及蟠龍宮位於同一軸線上，塔松也有許多精緻的假門與假窗。

塔松神廟內一座巨大的浮雕，那座浮雕原本應該是門楣上的雕刻。

在某些中文資料裡說，塔松是為了紀念為加亞華爾曼七世立下汗馬功勞的塔松將軍而建造的神廟，但是，綜觀英文資料，似乎完全沒有這項說明。大體而言，能入祀神廟者若非神祇即為皇族血脈，在古代高棉的神廟類型裡似乎不曾有為家臣建廟者，所以「塔松將軍神廟」的名稱不知從何而來？或許也是像十二生肖塔及大、小吳哥那樣的以訛傳訛吧！

東美朋神廟：見到水稻隨風搖擺

東美朋神廟（East Mebon）完成於十世紀中期，是羅仁德拉華爾曼二世（Rajendravarman II，統治時期為西元944～968年）所建的神廟，屬於印度教的神廟，祭祀的主神為濕婆神，是用來紀念羅仁德拉華爾曼二世雙親的神廟。

東美朋最特殊之處在於，它原本是East Baray蓄水池（即「東方瑪萊人工湖」）中央的人造小島，East Baray為亞松華爾曼一世在位時所興建長7,000公尺、寬1,800公尺的蓄水池，這個蓄水池當時稱之為Yasodharatataka（現在則稱之為East Baray），它直接從暹粒河引水進來。

塔松神廟內的窗與仙女浮雕。

在古時，這種大型蓄水池除了蓄水的實際功能之外，還兼有榮耀君主的功能，所以，古時高棉的君主對於興建大型蓄水池都不遺餘力。只是，過去可以蓄水550萬立方公尺的East Baray，如今已經乾枯，東美朋也就看不出當年被水包圍的模樣。

古時君主都是搭船登上東美朋祭祀的，今日我們徒步就可抵達，於是也就少了那份思古之幽情，也少了那份泛舟的浪漫，當我們登上了東美朋的上層平台之後，放眼望去，那原本應該是水

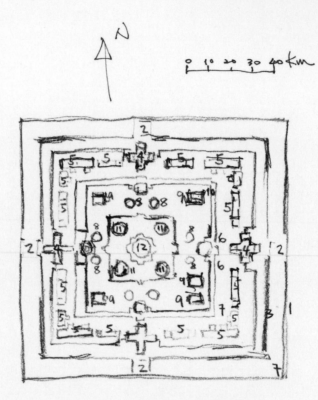

East Mebon 東美朋簡圖

1. 外牆	7. 石象
2. 入口平臺	8. 磚塔
3. 內牆	9. 塔（灰泥）
4. 廟門及塔	10. 內牆 2（砂岩）
5. 長廊	11. 塔
6. 石獅	12. 中央神龕

東美朋神廟的小女孩與一個西方攝影者，當時攝影者正在拍攝他的爺爺。

鄉澤國的四野，如今都已經成了平疇沃野，不見從前水波泛光的模樣，倒是見到稻山裡水稻隨風搖擺的風景。

　　東美朋的建築理念也反映了須彌山的概念，在東美朋的上層有五座塔，中央那座為神龕，東美朋有三座內牆，這三座內牆築起了東美朋的壯闊，上層的那五座塔則代表著須彌山與其他洲陸。

　　東美朋神廟所用的建材，是高棉神廟建築中常見的紅泥岩、磚、石灰及砂岩，在神廟的第一層的入口（共有四個入口）有兩座石獅蹲坐著，接著從階梯步入神廟之後會進入一座十字型的廟門（每個入口皆有一座，總共四座），神廟的第二層內牆上則有精美的浮雕。

　　根據推測，古代這第二層平臺原本有木造的建築物供作沉思的處所，不過今日則僅僅剩下牆壁，在第二層的入口門廊上雕有毘濕奴第四次轉世的半人半獅神獸，而北方的入口門廊上則雕有財富之神拉克斯米（Laksmi）與兩頭大象的浮雕，在第三層入口處則與第一層一樣有石獅蹲坐著，而第三層平臺的四個角落則有高兩公尺的石象矗立著，其中西北角的石象保存狀況最佳，第三層平台上也有許多塔，塔多也是東美朋的一大特色。

　　要進入最頂層的那五座塔之前，你會發現階梯旁也有石獅蹲坐著，這五座塔是以磚建成，其面向往東，最頂層的四個角落有守護神站立，其中西北塔雕有智慧與知識之神甘尼許的浮雕，而東南塔則雕有怪獸正在吃大象的浮雕

　　至於在中央的神龕其精美的雕刻當然不遑多讓，塔身的東面雕有因陀羅（Indra）騎著他的三頭象座騎，塔身的西面則雕有戰神司卡達（Shanda）騎著他的孔雀座騎，塔身的南面是濕婆神騎著他的白色公牛座騎難迪（Nandi）。

1

2

1. 塔松神廟內的迴廊外牆浮雕。
2. 塔松神廟內的主殿。
3. 斜陽下的塔松神廟一隅。
4. 東美朋神廟的塔，圖中可見精美的假門藝術。
5. 斜陽裡的東美朋神廟，現今已難想像當年被水圍繞的東美朋的美景。
6. 東美朋神廟的塔身與石獅。

東美朋神廟的精緻石雕藝術，這怪獸是卡拉（Kala），卡拉經常出現於印度教或佛教
的寺宇門楣。

東美朋的建築有另一個特色，那就是磚石上面的洞特別多。而這些洞是別有目的的，其作用是用來插上木棍，在施工時可便於搬運，東美朋的維修工程由德國政府出資進行，歐盟對於東南亞的古蹟維修出力很多，例如在柬埔寨、寮國等國家都能看見歐盟的援助。

一位落難王子得到牛群的幫助——羅洛士遺跡

羅洛士遺跡（Roluos）距離暹粒市大約12公里，目前該區域仍然有居民居住，遺跡的附近就是當地人的小村，這種情形與古時幾乎沒有兩樣。

羅洛士區域內有三座神廟——羅蕾寺（Lolei）、巴孔寺（Bakong）、普利哥神廟（Preah Ko），這三者不僅在建築年代、建築工法或是建築藝術的風格上，都屬於同一時代的代表，而羅洛士遺跡亦是吳哥區域中最早出現的神廟群，它們是高棉藝術史上初試啼聲的先鋒，最難能可貴的是這三座神廟都維持在不錯的狀態下。

羅洛士遺跡的歷史，最早可以溯及因德拉華爾曼一世（Indravarman I，統治期間西

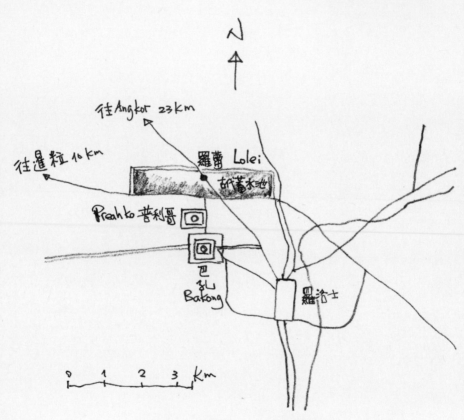

Rolous 羅洛士遺址簡圖

元877～889年）的年代，他將首都定於羅洛士，但是最早的羅洛士被稱之為Hariharalaya（音譯為「哈里哈亞拉亞」），不過，羅洛士作為都城的時間並不長，之後都城遷往了吳哥地區。

　　關於羅洛士遺跡的三神廟有一些高棉神話傳說，傳說中，普利哥神廟是因為一位落難王子曾在此地脫身，而逃難時乃是得力於牛群，所以之後便興建以聖牛為代表的普利哥神廟，而羅蕾寺傳說是該王子看見追兵舉起巍峨大旗掩殺而至的地方，所以之後建了羅蕾寺紀念。

　　「Lolei」（羅蕾）在高棉語裡意為「巍峨」，巴孔寺則是為了紀念曾經幫助該

普利哥神廟的孩子們。

王子的老漢所建，不過，神話傳說似乎與現實有些出入，傳說的
王子似乎與現實中的亞松華爾曼一世或因德拉華爾曼一世都不相
關，若以考據而論，傳說與事實存在著很大的差異。

　　因德拉華爾曼一世在位期間興建了巴孔寺，巴孔寺也是吳
哥地區最早的神廟，其建築風格與設計也成了後世參考的重要依
據，因德拉華爾曼一世也興建了普利哥神廟，普利哥神廟的功能
是紀念他的祖先，因德拉華爾曼一世之子亞松華爾曼一世則在羅

洛士附近增建了羅蕾寺。

　　羅洛士遺址三神廟的風格是高度頗高、格局方正、底座以磚為
建材而非後來高棉神廟所使用的紅泥岩，三座神廟皆朝向東方，其
他三個方向的門則飾以假門，這三座神廟的主體都是以磚為材，並
在磚面上以灰泥作為裝飾，至於在門廊的部分則以砂岩為雕刻的材
料，此三座神廟最初都有圍牆環繞，但今日這些圍牆都已經傾頹，
而正方形圓頂的藏經閣建築也是在此時期就已經出現。

　　羅洛士三神廟的雕刻經常出現毘濕奴與
其座騎的雕像，金翅鳥神的雕像也很常見，
身上點綴著珠寶的女性造像也是神廟中的常
客，飛天仙女當然也是主角之一，有學者認
為羅洛士三神廟其門廊的雕刻為吳哥之冠。

　　我們在那一早到了羅洛士遺跡，第二次
造訪暹粒的感覺並不是太好，主因是我們僱
用的司機不是太敬業，而且態度也不太好，
旅行時偶爾就會遇見這等不悅的事情。

　　我們是在下榻的小旅店僱用那兩位司機
的，一開始便說清了行程如何安排，但是他
們之後卻又不太願意配合，例如日出時到吳
哥窟觀看日出，他們竟然說要加價，比起我
第一次造訪時的那位老實司機，第二次的那

普利哥的石獅也很有看頭，渾圓可愛的身軀比起吳哥窟
的瘦長石獅更有卡通化的神韻。

兩位可說是見錢眼開，後來，也聽說許多外國旅者抱怨當地的摩托車司機漫天亂開價，有旅者索性就在網路上公開那些司機的名字。

羅洛士遺跡中的首選：羅蕾寺

我們首先到訪的是羅蕾寺，屬於印度教的羅蕾寺（Lolei）完成於九世紀末，也就是亞松華爾曼一世在位的時期，這座神廟意在奉獻給濕婆神，另一個目的在紀念亞松華爾曼一世的父親。

羅蕾寺被認為是羅洛士遺跡中的首選，因為它的雕刻與神廟構造保存得最完整，羅蕾寺與東美朋神廟一樣，最初羅蕾寺位於

羅洛士遺址中的羅蕾寺，羅蕾寺是吳哥範圍內的第一座磚造神廟。

一個名叫Indratataka的大蓄水池中，Indratataka建於九世紀因德拉華爾曼一世在位時，長約3,200公尺、寬約750公尺。

　　羅蕾寺有四座塔，在四座塔的中央有個十字型的石溝，這種設計在古代高棉神廟群裡實屬罕見，雨水會流經正方形象徵陽具（Linga，音譯為「林迦」）的底座，水經過林迦之後就代表被神淨化過了，也象徵了流過這裡的水便是聖水。

　　羅蕾寺的風格介於普利哥與巴孔神廟之間，有學者認為原先羅蕾寺計劃建築六座塔，其規模應與普利哥神廟類似，不過，羅蕾寺的塔比普利哥神廟的塔來得小，學者相信是因為羅蕾寺晚於

羅洛士遺址中的巴孔寺正面遠景，山形的巴孔寺的每一層均代表一種神祇，第一層為蛇神、第二層為金翅鳥神、第三層為惡神羅剎、第四層則為惡鬼阿克沙（印度較中一種法力高強的鬼）、第五層為眾神的居所。

普利哥神廟，亞松華爾曼一世或許也不好意思將神廟蓋得比父親的普利哥來得大。

聖牛彷彿在微笑：普利哥神廟

普利哥神廟（Preah Ko）為因德拉華爾曼一世所建，屬於普利哥風格，屬於印度教，它的祭祀主神為濕婆神，但是普利哥也有祭祀祖先的功能，文獻上記載，普利哥原為祭祀加亞華爾曼二世與他的妻子的神廟。

普利哥神廟的格局為正方形，原先應該是有三層牆環繞著神廟，但是今日似乎只剩下一些殘壁，它的最外牆有著東西兩座廟門，牆的長寬約是500與400公尺。

從東邊的廟門進入普利哥神廟，你會發現兩側有著浮雕的迴廊，但今日也僅僅剩下殘跡，在神廟前方的兩側原先也有廳堂，不過現在也剩下斷垣了，第三層牆的建材是磚，這一層亦有兩座廟門，這兩座廟門的門楣上雕有毘濕奴騎著金翅鳥神的浮雕，而金翅鳥神與其他怪獸的浮雕在普利哥神廟裡都是常見的造型。

普利哥神廟的廊柱與神龕等等大多使用砂岩為建材，而普利哥神廟內經常可見雕刻以花環與花圈的形式出現在門楣上，例如從一種怪獸卡拉（Kala）嘴裡吐出花環的造型就很常見，這種藝術也是典型的普利哥形式。

一進入普利哥神廟，最令人印象深刻的是三頭聖牛，Ko在高棉語裡意為「聖牛」；在印度教裡聖牛難迪（Nandi）是一頭白色的公牛，牠也是濕婆神的座騎。

普利哥神廟的中心是六座塔，其中心的神龕建築在地面的高度，這種建築方式為當時祖先廟所採用，在這五座塔中有一個有趣的地方是東方的三座塔要比西方的三座來得大，而中心的神龕塔是東方最大的一座，而且它的位置稍微往後一點。

東方的三座塔為紀念因德拉華爾曼一世，這三座塔有著男性的守護神，這些男性守護神堪稱是同類型造型裡的經典之作，而西方的三座塔則在紀念他的妻子，所以守護神是女性。在神廟的階梯兩側都有石獅蹲坐，此六座塔都有精美的灰泥裝飾，普利哥神廟的塔也有美麗的假門設計。

大致說來，普利哥的風格較為簡約，從此也可以看出普利哥為高棉藝術的先試啼聲者，不過，它在簡約中散發著一種美麗的調調，那種調調既不張狂也不過分，卻又有一種恣意的美感發酵著，尤其那赭紅色的塔身更像是一朵淡紅的玫瑰盛放在柬埔寨的午後。

這廟長得像一座山：巴孔寺

巴孔寺（Bakong）位於普利哥的南方，完成的年代在九世紀末，巴孔寺也是因德拉華爾曼一世所建，它的藝術風格屬於普利哥風格，在宗教上它也屬於印度教，與普利哥相同的是它的祭祀主神也是濕婆神。

巴孔寺在因德拉華爾曼一世的年代裡是中心主廟，它也是依照須彌山概念所築起的神廟，外觀以山型著名的巴孔寺在規模上要比其他兩座神廟來得大多了，外牆有兩座，最外圍的牆長寬約

是900與700公尺，巴孔寺也有護城河環繞，四圍
都有蛇神圍繞的走道，它的內牆有四座廟門。

　　從東面的廟門進入巴孔寺，首先映入眼簾
的是精美的七頭蛇神雕像，廟門的兩側有兩座殿
堂，這兩座殿堂推估為當時供參訪神廟的賓客所
使用的休息室，這兩座殿堂的兩側又各有兩座朝
西的正方形的磚造小室，它們的所在位置即是神
廟的東北角與東南角，這些磚造小室因為都有著
煙囪並有一排圓形的洞，有學者推測這些小室是
當時火化遺體時所使用的房間，而神廟的西南角
與西北角原先應該也有一樣的建築物，不過今日
只能看見遺跡罷了。順著走道走，你會發現在走
道的兩側有兩座長條形的建築物，這應該是當時
的倉庫或藏經閣。

　　環繞在神廟中心的是八座塔，這八座正方形
磚塔的規模都不算小，這八座塔有一個共同的特
色，那即是只能從東門進入塔內，而西、北、南
三面的門都是假門，其中又以東面兩座塔的假門
最為精緻，似乎巴孔寺非常的強調東方，這八座
塔的階梯旁都有蹲坐的石獅守衛著，也置有男性
與女性的守護神石雕。

　　在神廟的中央基座的四角立著石象，不過石象目前已經毀
損嚴重，中央部份有五層平臺，進入每一層平臺都會經過一道以
月長石裝飾的門，僅次於神龕的最上層平臺（即第四層平臺）有

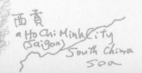

從高處俯視的巴孔寺，巴孔寺多數建築均已受到嚴重的風化與破壞。

十二座小塔，這十二座小塔內均有象徵陽具的林迦（Linga），第五層是巴孔寺的最高一層平臺，其南面還保持著不錯的狀態。位於第五層的神龕則是巴孔寺的最高點，神龕的造型則以蓮花為藍圖，不過神龕的狀況不算是太好，它的很多部分都已經遺失或毀損。

女皇宮——班特絲蕾

班特絲蕾（Banteay Srei），無疑是吳哥區域中最美的一顆鑽石。

建於西元967年的班特絲蕾，其精美程度為吳哥諸神廟之冠，屬於印度教的她是用來祭祀濕婆神的，她的建成歷經了兩位君主，那分別是羅仁德拉華爾曼二世（Rajendravarman II）與其繼位者加亞華爾曼五世（Jayavarman V），史載羅仁德拉華爾曼二世死前一年開始興建著名的女皇宮，而這座淡紅色的曠世巨作為當時的國師亞那發拉哈（Yajnavaraha）所設計，他也是加亞華爾曼五世的宗教老師。

班特絲蕾的性質為一般寺廟，所以並沒有多層山型的設計，「Banteay」在高棉語中指的是「高牆」，所以，如果你在旅遊指南中發現某座神廟有這個字，那麼那座神廟通常會有較高的牆；而「Srei」則是指「女人」，因此中文翻譯通常將「Banteay Srei」譯為「女皇宮」。

不過，她的原名其實是叫做Isvarapura的，Banteay Srei則是近代對她的稱呼，有人認為，之所以會以這個名字取代原名，是因為班

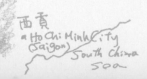

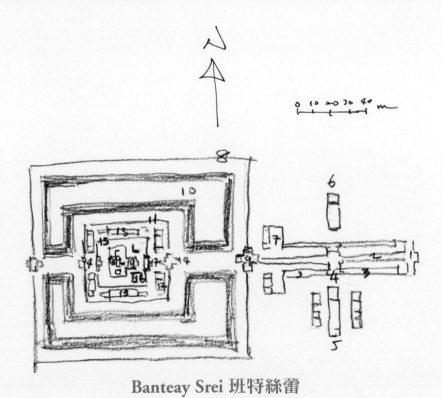

Banteay Srei 班特絲蕾

1. 廟門及塔

2. 參道

3. 長廊

4. 廟門及塔2

5. 廳堂遺址

6. 正方形建築物

7. 雙重三角形的門廊

8. 內牆

9. 廟門及塔2

10. 護城河

11. 內牆2

12. 長方形建築物

13. 附屬建築物

14. 廟門及塔3

15. 磚牆

16. 藏經閣

17. 廟門及塔

18. 中央三塔

19. 中央神龕

特絲蕾神殿裡羅列的仙女雕得絕美脫俗，所以更適合以女性的角度命名；也有人推測，那些精美的石雕應該出自於女性工匠之手。

　　班特絲蕾的藝術形式為學者單獨歸類成班特絲蕾風格，她有一個很明顯的特色，就是她的浮雕佈滿了葉型花紋的綴飾，這種風格很類似於鋪一張繁複的地毯在牆上。

　　說到班特絲蕾那充滿印度神話故事的浮雕，諸如羅摩衍那

班特絲蕾無疑的是吳哥的一顆鑽石，淡紅色的它散發著無窮的魅力。

（Rmayana）裡的情節是班特絲蕾浮雕裡常見的主題，學者們也認為，班特絲蕾是古代高棉神廟裡最接近印度風格的神廟，其中之一的原因是班特絲蕾所使用的石英砂岩與古印度所使用的石材一樣，也因為石英砂岩的硬度較高，所以可以在上頭雕出更繁美的圖案。

班特絲蕾宮除了有令人驚嘆的浮雕之外，門楣上的雕刻也很精采，頗具特色的雙重三角門楣也是特色之一，這樣的門，遠望就像是一朵朵的火焰向上竄升，這一朵朵的微焰將整個吳哥區域燃燒起來，所以，有學者稱班特絲蕾為高棉神廟中的鑽石，一點也不為過。

對許多旅者而言，班特絲蕾是他們心目中的最愛。

事實上，如果你有足夠的時間，班特絲蕾絕對能滿足你對古代高棉藝術的想望，她那泛著淡紅色的膚色會讓你沉迷其中，無法自拔，因為她完全不像吳哥窟那般的巨大，也沒有其他神廟來得雄偉，但她的精緻與靈巧卻讓人不得不臣服在她的裙下。

相較於其他神廟，班特絲蕾的小巧充分表現在她的體積上，她的塔比其他神廟小，在中央神龕的那道門僅僅高150公分左右，如果說，其他神廟是偉大的交響曲，班特絲蕾的存在倒像是一首抒情的隨想曲。

一般旅遊指南都會建議旅者在清晨時分前往班特絲蕾，原因是清晨的光線最為柔美（吳哥區域內的神廟除了吳哥窟和Wat Athvea之外，都是座西朝東而建，因此清晨從東方出現的陽光正好照拂著神廟，這也是參訪神廟最佳的時機），班特絲蕾在清晨柔光的搓揉中更有　番美麗的情懷。

　　不過，清晨也是人群最擁擠的時候，因為大家都會慕名而來，其實如果你不介意的話也可以選擇午後前來，我們就是在午後拜訪班特絲蕾的，雖然午後的陽光炙烈，光線也顯得偏硬，但班特絲蕾的色澤卻也更為明顯，她的每一吋肌膚都在陽光下閃著淡淡的紅色，似乎她的血液還在緩緩地流著，她的心跳仍然靜靜地律動著，她的微笑在正午時分更為迷人，比起清晨的羞澀，中午的她笑得更為開懷。

　　如同其他神廟一樣，班特絲蕾也曾被深埋在叢林中，直到了1914年一位名叫馬瑞克（Malraux）的法國人才又重新發現了她。但是，班特絲蕾到了1924年才算是真正清理完畢。

　　這期間班特絲蕾曾經遭到盜賊的盜取，這些盜賊之中又以歐洲人為大宗，當中發現班特絲蕾的馬瑞克曾經大規模偷竊班特絲蕾的雕像，馬瑞克的盜竊後來在金邊東窗事發，所幸他所盜取的寶物最後都被追回，這件醜聞在1923年曾經轟動一時，這也使得整理班特絲蕾的工作在當時加速進行，班特絲蕾也是第一座由考古學者參考印尼的婆羅浮屠（Borobudur）的

維修方法，再利用精密的分析重新維護的古代高棉神廟。

纖纖美女說著溫柔的故事

仔細觀賞班特絲蕾，你會發現她以突顯神話之美為目標。

這點應該是班特絲蕾最獨到之處，而這個特色充分展現在她的浮雕上，班特絲蕾無一處不是浮雕，你幾乎找不到任何一片沒有浮雕的表面，她的浮雕與吳哥窟相比有著完全迥異的風景，班特絲蕾就像是一位纖纖柔弱的美女藏在莽綠的叢林當中，她所陳述的故事都是印度教裡的神話傳奇；而吳哥窟就像是一位曠世的君主在叢林裡朗誦著他不朽的功績。

班特絲蕾所說的故事溫柔，但卻也有戲劇性的發展；而吳哥窟說的故事則豪邁而充滿劇烈的震盪。走在班特絲蕾裡，你會以為那些飛天仙女真的會飛下凡間與你說故事；但是走在吳哥窟裡，攪動乳海的聲音會伴隨著戰爭的殺伐將你淹沒。

班特絲蕾的仙女與門的局部。

　　班特絲蕾有三層牆（enclosure），不過如今只剩下兩道牆，走進班特絲蕾之前必須經過一條參道，參道中間也有一道廟門，廟門上雕著是毘濕奴下凡的故事，其大略如下：

　　魔王西蘭亞卡希布（Hiranyakasipu）得到了梵天的允諾，答應讓祂擁有永遠不會被傷害的軀體，不管在黑夜或白晝，在室內或室外，不管是人類還是野獸動物，祂沒有任何一個值得害怕的對象。

　　魔王有了梵天的承諾之後，卻開始為所欲為大肆破壞，但是魔王的兒子卻是個虔誠膜拜毘濕奴的信徒，魔王知道他的兒子竟然不膜拜自己轉而膜拜毘濕奴之後，盛怒之下的祂決定要將兒子殺掉，但是無論魔王用何種手段加害於祂的兒子，祂的兒子在神明的庇護之下一再地逃過劫難。

　　某一天的傍晚，魔王指著大殿裡的一根柱子，氣呼呼地問他兒子說：你那無所不能，無所不在的毘濕奴在哪裡？難道是在這根石柱裡嗎？說完，魔王便用力地敲擊石柱，剎那之間，毘濕奴化身成一隻半人半獅的神獸從柱子裡衝出來將魔王在門口處咬死。毘濕奴化身的神獸在傍晚——既非白天也非黑夜的時候咬死魔王，在門口——既非室內也非室外的地方咬死魔王，而半人半獅的毘濕奴既非人也非獸。

　　參道的右方有三座小型殿堂，參道的西方也有那一座小殿堂，這座小殿堂有毘濕奴以半人半獅的形象現身的精美浮雕，走過長大約70公尺的參道，在接近參道的末端在靠北的地上，你會發現有一大塊雕刻被放置於地上，上面刻著的故事是羅摩（Rama，毘濕奴的第七次轉世）之妻悉妲（Sita）被羅剎

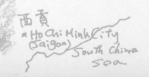

1. 普利哥神廟的塔身石雕。
2. 普利哥神廟的聖牛與石獅。
3. 班特絲蕾的側影。
4. 班特絲蕾的浮雕與假門藝術，由於神廟在維修
   期間，遊人只能停留在封鎖線外不得入
   內，我也只能用長鏡頭捕捉它美麗的樣子。
5. 羅洛士遺址中的羅蕾寺位於村落的高處，現今
   的羅蕾寺毀損頗為嚴重。
6. 進入班特絲蕾前的參道，參道旁有蓮花座。

（Viradha）抓走的故事。

走到班特絲蕾內層的東廟門，會先經過一道城牆，這也就是第一層牆，此時，你會看見牆內有一環的護城河，護城河內部還有內層牆，此即第二層牆，在這第二道牆的門外，浮雕中有著生動鮮活的濕婆之舞，而內部中心的兩側有兩座藏經閣，南面藏經閣的東面浮雕說的故事是——

羅摩衍那中關於羅摩王子的敵人Ravana試圖進入濕婆神與其妻雪山神女巴瓦娣所居住的神山，不過他卻無法進入神山，於是他對守護神山的猴子大吼，猴子亦不甘示弱說道：Ravana必將被猴子大軍消滅，Ravana大怒，於是擎起神山大力搖晃，濕婆神此時剛好坐在神山之巔的寶座上抱著害怕的妻子巴瓦娣，濕婆神開始反擊，祂將整座山的重量壓在Ravana的腳趾上。

Ravana這才明白濕婆神力量之強大，於是讚頌了濕婆神一千年，濕婆神最後釋放了Ravana並賜他一把寶劍。整個東面雕刻生動地描繪了大地震動，以及山上的眾神、動物顫慄害怕地逃入叢林的模樣。

它的西面浮雕訴說的是愛神卡瑪（Kama）化為灰燼又再度復活的故事，描述巴瓦娣想吸引正在沉思中的濕婆神，無奈濕婆神並沒有注意到她的愛意，愛神卡瑪得知之後便以祂的花箭射向濕婆神的心，濕婆神大怒，從額頭的第三隻眼睛射出火光將愛神卡瑪燒成灰燼，就在此時，濕婆神看見了巴瓦娣的美麗，不久之後濕婆神就愛上了巴瓦娣，濕婆神於是讓卡瑪死而復生。

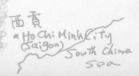

　　北面藏經閣的東面浮雕是因陀羅騎著三頭大象，降下甘霖解除民間乾旱的故事。浮雕中的因陀羅被風雲圍繞著，雨則從環繞著祂的鳥群翅膀裡降下，許多神明與動物正在享受剛剛降

班特絲蕾的護城河。

下的雨，蛇神也在浮雕中出現。而西面浮雕說的則是克里希納
（Krishna）殺死暴君甘剎（Kamsa）的事蹟。

藏經閣的附近有三座小塔，中間那座用來貢獻給濕婆神，塔
內也有象徵陽具的林迦，南邊的塔一樣是祭祀濕婆神，不過北邊
的塔則是獻給毘濕奴。而負責守衛這三座小塔的是一些蹲踞的半
人半獸的怪獸，不過，這些怪獸的雕像目前是以複製品代替，真
品則被擺放於其他安全的處所，中央的神龕則位於這三座小塔的
偏北處。

在中央神龕的東面浮雕裡有正在跳舞的濕婆神，濕婆神也是
節奏之神，他的舞蹈象徵了世界的轉動；北側浮雕裡上演的是羅

在接近參道的末端在靠北的地上，有一大塊雕刻被放置於地上，上面刻著的故事是羅
摩之妻悉妲被羅剎抓走的故事。

摩衍那裡的猴國王位爭奪戰，其故事大要如下：

　　猴國的國王與他的弟弟一同去追趕妖魔，哥哥追進了山洞，弟弟則在洞外守候，奇異的是等了一年之久弟弟始終沒有看到哥哥走出來。終於，有一天山洞裡傳來驚天動地的叫聲，心慌的弟弟以為哥哥已經被妖魔殺死了，於是他搬了一塊巨石將洞口堵住，並且回到猴國繼承王位，不過，事實上是哥哥並沒有死，最後還殺了妖魔，於是他認為弟弟離棄了他，又篡奪了他的王位。回到猴子國的哥哥，在一怒之下便將弟弟驅逐出國。

　　被驅逐的弟弟因為思念親人想要回家，因而求助於羅摩王子，羅摩也答應要幫他去跟哥哥解釋，然而，依舊憤怒的哥哥一看到弟弟

班特絲蕾的東廟門門楣，東廟門即是進入班特絲蕾的第一道牆的那一座門。

就出手打他，也不給羅摩任何解釋的機會。

　　羅摩眼看著弟弟就要被哥哥給殺死了，在情急之下，羅摩射出了一箭，這箭正好穿過哥哥的心窩。羅摩來到垂死的哥哥面前，將死

的哥哥以最後一口氣說：沒想到你也會作出這種暗箭傷人的事。後悔的羅摩流下了眼淚，這樣的結果並非他所願。這之後，弟弟將哥哥埋葬後並繼承王位。浮雕生動寫實地刻畫出這個悲劇，近看浮雕你會被浮雕的精美所感動。

　　在中央神龕的西側浮雕上有吳哥地區裡最美的仙女之一，她往後梳用髮髻綁起來的頭髮編著辮子，渾圓的乳房嬌挺在她的上半身，穿著寬鬆輕柔的裙子，她的耳朵戴上美麗而沉重的珠寶耳環，她的腰上、手臂、手腕及腳踝上也都帶著珠寶鑲綴的手環與腳環。

正在班特絲蕾神廟內休息的工人們，我倒是羨慕他們可以如此接近神廟。

卡伯斯賓

這裡算是吳哥裡的秘境，
即使在千年之後的今日，
它的神秘面紗依然還未褪去。
卡伯斯賓一整排在河床上的石雕，
雕滿了大大小小象徵陽具的林迦與陰具優尼，
是所有文明中最為奇特的一處遺跡。

暹粒河的源頭——卡伯斯賓

　　卡伯斯賓山（Kbal Spean）是暹粒河的發源處。在所有古代高棉的藝術裡，卡伯斯賓的河流石雕應該是最為奇特的一處遺跡，之所以奇特是因為它並非神廟，而是一整排在河床上的石雕，即使在別的文明裡也找不到類似的藝術。

　　不過，直至今日，卡伯斯賓仍舊存在著交通十分不便的因素，我們在那一天的午後前往卡伯斯賓，距離暹粒市大約60公里的卡伯斯賓有些遙遠，因為路途實在太過崎嶇，我們所租的摩托車還算是比較機動的交通工具，有些汽車就陷在坑坑凹凹的土路上動彈不得，那段路讓人覺得倍感辛苦。

　　事實上，我之前從未有類似的越野經驗，說是越野一點都不誇張，那段勉強稱之為路的路到處都是坑洞，一路的塵土飛揚讓人必須躲在摩托車司機的身後，我們雖然戴著口罩仍感到滿臉的黃沙，更別提一路上上下下的顛簸，到達目的地下了摩托車後，我們著實感到一陣的暈眩。

之前在暹粒市碰頭的台灣朋友也在那個午後到達，不過他們租用的汽車顯然比較在乎安全，據他們說，車子的時速或許只有20公里。

下了摩托車之後，必須步行約50分鐘方可抵達河流處，那一段山路仍然保持在還算原始的狀態，抵達河邊之後，你才會驚異地發現卡伯斯賓的奇異之處，乾季的河流並沒有太大的流量，這也剛好讓我們可以更清楚地看見卡伯斯賓的獨特之處。

河床上雕滿了大大小小象徵陽具的林迦（Linga）及陰具優尼（Yoni），毘濕奴的雕像在這裡則常見，卡伯斯賓的主題與毘濕奴有很大的關係，那些雕刻大多描繪毘濕奴創造宇宙時在乳海中沉思，而梵天自乳海裡的一朵金蓮花出生的情景。

這些水底雕像建於十一到十三世紀之間，雖然大多數石雕經過千年的流水侵蝕之後幾乎被磨平了，但我們還是能從遺跡中去想像當時的盛況，當時的高棉人認為河水在流經這些林迦與優尼之後便被淨化與調和了，被淨化後的河水會順著河進入洞里薩湖，也就是生養古代高棉與今日柬埔寨的大湖。從這一點，可以想見古代高棉人對他們的信仰有多麼虔誠。

我們造訪的那個午後雖然陽光強烈，隱藏在山中密林

柬埔寨人也喜歡把香蕉吊起來販賣，一串串香蕉看起來像門簾。

裡的小河卻令人感到舒暢的陰涼，由於距離較遠卡伯斯賓的遊人並不多，我們順著小河去看那些舉世無雙的石雕。

　　沿著河走，你也會看見一處小瀑布，小瀑布以下的河床也佈滿了石雕，密林裡的陽光早被樹葉所阻絕，我們就安靜地聽著潺潺的流水聲輕輕地拂過那些古老的石雕，偶爾也能聽見不遠處傳來的鳥鳴，在其他地方看不到的蝴蝶也飛舞在河面之上。這裡算

河邊浮雕裡的毗濕奴。

是吳哥裡的秘境，即使在千年之後的今日，它的神秘面紗依然還未褪去。

塔林──巴肯山神殿

　　黃昏時分爬上巴肯山神殿的遊人如織，從這裡，你可以遠眺叢林裡的吳哥窟。建於西元九世紀末至十世紀初的巴肯山神殿屬於印度教，其祭祀的主神是濕婆神，它的風格則屬於巴肯（Bakheng）風格，巴肯山神殿由亞松華爾曼一世所建，他將都城從羅洛士遷至吳哥附近，亞松華爾曼一世之後的五百年光陰裡，歷代君主均以吳哥區域為都城，巴肯山神殿便是亞松華爾曼一世時期的中心主廟。

　　巴肯山神殿的佔地廣達16平方公里，周圍並有長寬各4公里的正方形城牆環繞，規模比安哥通城還大，最難能可貴之處在於巴肯山神殿位處丘陵的高處，光是想像就能知道當時的工程有多浩大；再者，巴肯山神殿的結構高聳，尤其是階梯非常陡，登上神殿需要一番功夫，有學者以「first Angkor」來形容它的壯觀，巴肯山神殿最頂層的五座塔是高棉歷史上首次出現的設計，自此，這種設計在高棉的神廟格局裡便經常可見。

　　巴肯山神殿也是以須彌山概念而建的神廟，共有七層的正方形平臺，這七層象徵印度教裡的七重天。平臺的四個方向都有通道，巴肯山神殿以其108座塔聞名，雖然今日許多塔都已毀壞，這108座塔的分布大概如下：

　　在最低層的平臺上過去曾有44座塔，雖然現今剩不到那麼

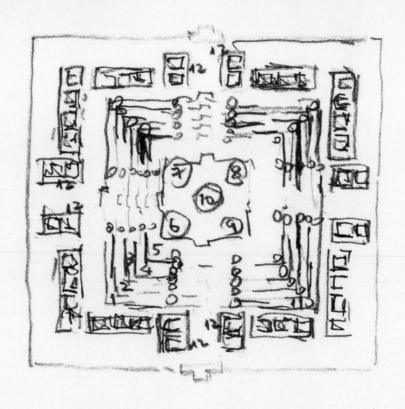

Phnom Bakheng 巴肯山神殿簡圖

1. 第一層平臺
2. 第二層平臺
3. 第三層平臺
4. 第四層平臺
5. 第五層平臺
6. 塔

7. 塔
8. 塔
9. 塔
10. 中央神龕
11. 磚塔
12. 塔

多，而五層的平台上分別各有12座小塔，這12座小塔據推測與十二生肖相關，最上層平臺除了中央的神龕塔之外另有4座塔，所以，這些塔的總和是108，108座塔象徵著眾神所居住的須彌山，據研究，108也與古代高棉的曆法相關，因為高棉古代曆法區分一年為四個時節，而每一時節有27天。

此外，由於當時建造者的巧思，無論你從哪一個角度看巴肯山神殿都會看見其中的33座塔，33也象徵著古代印度教的主神明數目，也因為巴肯山神殿以塔多聞名，所以也有人以「塔林」稱呼巴肯山神殿。

從小山丘下往上爬，必須小心許多糾結的樹根與亂石，爬上山頂之後，地勢較平坦，通往巴肯山神殿也要經過一段參道，在參道上有一些石柱的遺跡，地上還有一些林迦的石雕。

在正式登上巴肯山神殿，你會了解巴肯山神殿與吳哥窟的類似之處——它們都很陡，你會需要一段喘息才能夠爬上最上層的神殿。亞松華爾曼一世之選擇以巴肯山作為國都中心的理由，主要是為了避開洞里薩湖季節性的氾濫，然而，選擇在巴肯山構築如此巨大的工事自然也面臨一些無可避免的風險，例如石材搬運的困難。

巴肯山神殿的中央神龕損壞情形頗為嚴重，神龕的門在各個方向均有開口，神龕內原先供奉的是林迦，今日已亡佚，圍繞著中央神龕的四座小塔內也有林迦的雕像，中央神龕的門兩旁有仙女雕刻與葉形圖案作為裝飾，可惜保存的狀況不太良好。

一般遊人爬上巴肯山的主要目的是為了欣賞日落，由於巴肯山是附近區域內最高的山丘，所以，在上頭極目眺望是一件極為

快意的事，在那裡，你可以看見洞里薩湖，還可以看見附近一望無際的稻田，但是要看見日落的美景就必須要碰碰運氣了，柬埔寨的午後陣雨偶爾會讓天空籠罩在陰霾的烏雲裡。我第一次登上巴肯山時曾看見淡淡的晚霞，第二次則因為時間來不及所以錯過了日落。

從巴肯山上可以遠望吳哥窟隱約出現在叢林裡，被日落的霧靄層層包圍著，那樣的吳哥窟神秘地出現在你眼前，原本的巨大化為一丁點的渺小，迷霧中的吳哥窟有著花樣年華裡的不朽味道。

殖民風情的法式城市——馬德望

我在暹粒待上了幾日後，便往馬德望（Battambang）去了。

去馬德望也可以選擇陸路或是水路，陸路的話要搭乘當地人口中的pick up truck，就是搭路過暹粒前往馬德望的卡車，但是便車不是隨時都有，至於水路的話，船資是美金13元。

1. 卡伯斯賓的水中浮雕利用河底的石材雕琢出舉世少見的雕刻精品，讓人不得不佩服古代高棉人信仰之虔誠與創意十足的想法。
2. 暹粒市集裡的一隅。
3. 黃昏暮色裡的巴肯山神殿，從那裡可以遠眺洞里薩湖。
4. 暹粒市集裡的香蕉。
5. 通往卡伯斯賓的小徑，那一段山路不太好走。
6. 暹粒市集裡的西瓜。

　　因為考慮公路的惡劣狀況，所以我選擇了搭船往馬德望去，那天一早，一輛引擎聲聽起來像是哮喘的美國福特箱型車準時在六點到我投宿的guest house載我，車上已經有兩個法國人了，那輛車大概有二十多年歷史了，陳舊的車身好像停下之後就會不小心散了一般，車子到了幾處的guest house載客之後便前往了洞里薩湖碼頭。

　　碼頭原來離市區很遠，離開了市區後的道路變成了一條土路，路旁是一間間破爛的小屋，情形比之前看過的還差，那些違章建築既沒水也沒電，一家人就擠在一個用木板搭起的小屋裡。

　　我們坐的車在顛簸的路面上行駛，路況很差，有時候根本不算是路，惡劣的路況在愈接近碼頭時愈差，在爛泥裡掙扎的老車一度讓我們幾個外國人以為到不了碼頭了。

　　我口中說的「碼頭」，其實只是一個以木板拼湊而成的簡陋平台，所有從暹粒到金邊或馬德望的船都從這個碼頭出發。碼頭附近一樣佈滿了違章建築，一群當地人在車子停下後，便搶著幫我們這幾個外國人拿行李，想是為了賺小費吧！還有賣早餐的小孩們也大聲吆喝著，碼頭上卸貨的卸貨，吆喝的吆喝，氣氛倒是挺熱鬧的。

暹粒市集裡的火龍果與綠色少見的蓮霧。

　　待我上了船之後，才知道原來所謂的「船」只是一艘馬達小艇，小艇上的六位乘客清一色都是外國人，除了我之外，其餘都是澳洲人與加拿大人，小艇出發時還發生了一件小插曲──

　　由於其中一位澳洲人帶了一部單車上船，船家要求他多付5元

美金，但是他並不同意，雙方由於語言無法溝通所以耽誤了一些時間，後來才發現船家是華裔，他詢問是否有人懂中文，我也就在當時成了他們之間的翻譯，最後，他們以3元美金結束了那一場拉鋸戰。

　　船家當時一直解釋小艇的耗油量很大、燃料成本很貴之類的，我們出發時天空已經飄起了小雨，柬埔寨的氣候經常是陰雨

不斷，午後的陣雨很常見，晚上與清晨下雨的機率也很高。

　　小艇先是航行在寬闊的洞里薩湖湖面上，混濁的湖水漂著一些布袋蓮，出了港之後便見到了許多的漁家，隨著小艇的深入，湖上的漁家也就愈多，那些人家的起居就在河上，甚至他們飼養的家畜也圈養在湖上，那是很有趣的畫面！幾隻豬就住在河上的小屋裡，漁家的住家就築在湖河上。

　　湖上的市場有著買賣的人家，他們在清晨泛著小舟沿河做起小生意，一艘小船就是一家小型的雜貨店，看你是要青菜、蔬果，還是雞鴨都能在小船裡買到，有些小船也兼賣小吃，湖裡也是小孩的天堂，那些泡在水裡的孩子們一見到我們，便開心地向我們揮手，我們當然也是樂的與他們揮手，感覺很是溫馨。

　　船愈行愈遠，河岸上的生態也就愈來愈豐富，河面上經常有老鷹低飛，有幾種猛禽在河面上經常可見，有一種白頭褐身的老鷹特別醒目，那些猛禽看似優雅地振翅翱翔，突然間便俯衝至河面，以牠們輕巧卻有力的雙爪攫取河裡的大魚。

馬德望的火車站，由於柬埔寨境內的火車狀況很多，班次又少，一般人通常都會改搭汽車或走水路。

看那些老鷹就在眼前來回俯衝，讓我們一行大呼過癮，那幾個澳洲人紛紛拿出了望遠鏡細看，看來他們是準備齊全的，他們除了帶了lonely planet的指南外，還帶了望遠鏡、防曬乳液等等。

河上清風拂面，倒也不覺得熱，我們也就這樣悠遊地飽覽美麗的野生環境，忘了愈來愈燠熱的陽光；此時，一群群黑鸛順著上昇氣流緩緩地盤旋而上，沿途河面上，經常能看見一整群的黑鸛盤旋著，那些大鳥少則二、三十隻，多則上百隻，牠們黑得發亮的羽色在陽光下閃著，喧囂的叫聲與小艇震耳的馬達聲呼應，那些大鳥讓我想起在西班牙旅行時所見的黑鸛，那些黑鸛也是成群地在天上飛著，偶爾會在廢棄工廠的煙囪上看見牠們築起的巢，那時是聖誕節的假期，氣溫大約是10度。

河面上，除了這些鳥類之外，還有許多鷸科的鳥類也十分常見，偶爾也能見到一身黑白相間的魚狗俯衝到河裡捕魚，捕魚的除了鳥類之外當然還有河上的人家，河上的人家所使用的工具頗為簡單，一張利用槓桿原理操作的大網就等著魚兒自投羅網。

也難怪，河上人家有一種無憂的天真，即使是大人也是笑口常開，或許就是因為他們過的正是再簡單不過的生活了，也或者我們這些初來乍到的異鄉人不了解他們日子裡的真實愁苦，我們所見到的就是倚門對著我們笑的人們，就是一些在河上的小屋裡閒話家常的男男女女，還有就是開懷的孩子們，他們看來全都是天真的。

我們搭乘的小艇在途中曾經出過幾次問題，由於出發時是兩艘小艇一起出發的，所以船家之間可以彼此照應，他們也都攜帶了無線電，為我們駛船的是一個年紀二十出頭的小伙子，他喜歡

在行船的同時咬著青蓮子。

　　在柬埔寨的鄉間經常可以見到蓮花，有些蓮花是人工栽植的，但大多數都是野生的，當地人喜歡吃未曬乾的蓮子，也經常見到路邊有人販賣剛剛摘下的蓮蓬，青澀的蓮子我在北京時曾經吃過一次，那是一位湖南人請我吃的，青蓮子的味道有些苦中帶甜。

　　中午時分，我們在中途的一個小村略作休息，休息時，我們幾個乘客聊了起來，原來那幾個澳洲人是一路從尼泊爾向東旅行過來，最特別的是他們都是上了年紀的人了，年齡約莫都在退休之間，他們說起了尼泊爾壯麗的山色，也提及泰國便宜的消費，另一對加拿大夫婦則是從泰國進入柬埔寨的，他們已經出門三個多月了，泰國之前他們必定也已經遊歷了不少地方。比較令人訝異的是，他們一致認為泰國的消費要比柬埔寨便宜，原因在於柬埔寨多半以美金計價，用美金計價自然讓外國人覺得吃虧。

　　我沒去過尼泊爾也尚未有機會去泰國，我的一位英國老師曾經在尼泊爾住了半年，據他說，那裡的消費十分便宜，至於泰國，我也知道當地的消費並不高，我原以為柬埔寨的消費應該會比泰國更便宜，但是從他們的經驗裡發現事實並不是這樣，不過，老實說柬埔寨也已經算是便宜的了。

我又來買椰子了

　　我們在靠近馬德望的時候，岸上已經擠滿了一堆搶做生意的當地人，他們甚至下水想幫我們扛行李，那時，微小的雨勢突然轉成了驟雨，我們一行人根本來不及穿上雨衣便成了落湯雞，即

使如此，那些當地人依舊不斷試著將我們的行李從艇上搬走，小艇因此一度差點翻覆，船家氣得破口大罵，我們則是不知該說什麼才好。

踩著一堆爛泥上岸之後，我們馬上被那一群當地人包圍。

當地人喋喋不休半拉半扯地想拉我們上車，我正在不勝其擾又躊躇之際，卻見到那幾個澳洲人已經上了一輛車，於是，我問了他們是否已經訂了旅店，他們說，他們在暹粒時就已經訂了馬德望的旅館了，這也是為何會有車子來接他們的原因，我因此也上了那部車。

不久，我們到了一家由華人經營的旅館，下車之後，我們第一個動作就是想辦法用力抖掉鞋底的爛泥，可能是我們的動作實在太滑稽了，附近的人家看見了都不免掩口而笑，我們則是一臉的無可奈何。

旅店的設備還算不錯，價錢也還可以接受，一晚5美金的房內算是該有的都有了，馬德望的消費也很便宜，但是電信費除外，當地的上網與國際電話費用與暹粒是一樣的。

馬德望的規模不大，但是柬埔寨境內目前最有殖民地風情的城市，非馬德望莫屬。傍河的馬德望，在許多地方仍殘留著殖民地遺韻，成排的法式建築、許多以巴黎為店招的餐廳與旅店，當然還有小姑娘頭上頂著的法國長條麵包。

當地人也是十分的友好，那晚，我走進了一家叫做巴黎的飯館，飯館的主人是華人，他會說中文，店裡也備有中文菜單，在短暫的交談之後，我問他：

1. 從前殖民時代法國行政長官的官署。
2. 竹子火車的總站，總站旁擺著幾輛的竹子火車平台。
3. 馬德望的鄉間小徑與河流，我的司機告訴我從前從馬德望可以搭船到金邊的。
4. 越戰後美軍撤離時留下大批的軍用物資有很多間接流入了柬埔寨，在柬埔寨境內還能看見許多舊式的美國軍用卡車。
5. 賣法國麵包的女孩。柬埔寨曾被法國殖民，法國麵包在柬埔寨是必備的糧食。
6. 柬埔寨式的小吃，在前往帕林的路邊攤販處與司機一起所享用的點心。

「有什麼特別的菜色適合晚餐？」他略顯為難。

大概是所有的菜色都適合晚餐吧！我想。後來我點了一道香蕉蕾酸魚湯，還有一道柬式炒雞肉。之所以點那道香蕉蕾酸魚湯純粹是因為好奇，因為從沒想過香蕉可以煮湯，而那碗魚湯也果真滿足了我的好奇，所謂的「香蕉蕾」是香蕉的嫩莖，味道帶酸，而魚是從附近的河裡撈起來的鮮魚，整個魚湯除了鮮美之外更帶著異國的味道；柬式炒雞肉則加入了很多的辣椒，在柬埔寨境內用餐時無論在哪裡，店家都會送上一小碟的辣椒，當地人之愛吃辣可見一斑。用餐的同時，我也順便問了店家在馬德望有什麼好玩之處，他則是騷著頭笑著答不出來，那頓晚餐則花了我美金2元。

晚餐之後，我就在市場附近閒逛著，下午的大雨讓整條街道處處都是積水，黃昏時分的市場依舊非常熱鬧，吆喝著的小販還在賣力地叫賣，路上的機車潮逐漸湧現，已經是該回家的時候了，剛亮起來的微亮街燈映著遠方的烏雲，有一種熱帶南國的味道正在發酵。

街上有許多賣椰子的小店，問了價錢之後，才知道當地的椰子非常便宜，一顆椰子才合台幣大約7元，當地的瓶裝礦泉水都沒這麼便宜，因為實在是便宜我不假思索地買了一顆椰子，提著已經插上吸管的椰子，我慢慢踱步回到旅店。

那顆椰子真的是物美價廉，那清涼的椰汁真是叫人心曠神怡，此後我在馬德望的每一個晚上都會在那家小店買椰子，那個笑嘻嘻的小妹看見我，便知道我又來買椰子了。

那一代的柬埔寨人

旅店外，都會有等候客人的摩托車司機，旅店的小黑板上則以英文寫著附近的名勝古蹟，馬德望的附近其實有很多有趣的所在，不過，在那些英文說明裡最有吸引力的該是funny bamboo train。

「什麼是funny bamboo train？是玩具嗎？」我問了其中一位司機。

「那種火車可不是玩具，而是當地的交通工具之一──竹子火車。」他說。

我跟他聊了許久之後，便上了他的車，在馬德望的車資一天是8元美金，那是很划算的價格，因為馬德望的鄉間十分遼闊。我的司機今年四十多歲了，他說，我是第一個他載過的台灣人，他的命運和其他柬埔寨人一樣坎坷。

「波布掌權的年代裡，我曾經被逮捕過50次左右，每一次都被毒打，當時的共產黨以膚色來決定是否要殺死你，長得越白就表示你的出身富有，長得越白就表示你的成份不好，長得越白就表示你是資產階級，我呢，出身貧困又長得一身黑，所以每次被捕都能死裡逃生！」他笑笑地說著。

「後來，國內各派系互相交戰，我只好帶著家人逃到了泰柬的邊境，當時的聯合國難民營收容了我們，我和家人在那裡一待便是10年，我的英語也是在那時候學的，後來聯合國介入調停內戰之後，我們這些難民才敢回國，當時聯合國給了我們每一戶難民一些錢謀生。其實，柬埔寨有和平也是最近的事，以前我們根

本想都不敢想，當年，越南軍隊入侵時很多同胞高興地在街上跳舞，因為越南人趕走了波布，中國共產黨扶植的波布倒台後換上了蘇聯支持的韓森，波布與韓森全都是共產黨只不過後臺不一樣罷了，我們最恨共產黨！今天的情形也好不了多少，整個柬埔寨還是動盪不安，現在又快大選了，很多人可能又開始要擔心治安會變差，因為國內的各個派系如今仍然各自擁有自己的軍隊與媒體，他們不斷地攻擊對方。」我的司機憤憤地說著。

從他的語氣裡，可以想見他那一代的柬埔寨人有多痛恨共產黨。

在烽煙四起的年代

馬德望的郊區有很多可去之處。我們先是抵達了附近的killing field，我原本是不想再去的killing field，柬埔寨的境內有太多這樣悲慘的地方，而我也已經看夠了那些悲涼的白骨，實在不願意再目睹一次那些枉死的可憐冤魂，但那卻是司機極力推薦的去處。

後來到了那處killing field的山腳下，才知道為何司機會推薦我去看看，因為那座山是附近的制高點，從那山頭往下望，可以看見馬德望一覽無遺的鄉間，我雇了一個11歲的孩子領我上山。

他說：「我每個月得付2美金給我的老師作為學費，為了上學，所以我在下課及假日的時候打工，帶遊客上山。」

他長得黝黑瘦小，笑起來的樣子很天真，他先是帶我去看山裡的那些洞穴，洞穴裡又是一堆堆的白骨，那時，天空又下起了雨，我們只好在洞裡躲雨，恰好那一對加拿大夫妻也在那裡，他

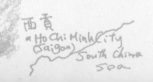

們的嚮導說著還不錯的英語，因為下著雨也無處可去，所以，我就在那裡仔細聽那位嚮導的解說，而我的小嚮導則是拿出口袋裡的電動玩具自顧自地玩起了俄羅斯方塊。

那位嚮導約莫也是四十多歲，他說，當年波布掌權時，他吃過樹根也啃過樹皮，當年那些無辜的受害者被集中在這座山上嚴刑拷打，最後更被殘忍地殺害了，而他們的孩子則被共產黨教育成要忘掉他們的父母，要把共產黨當成是他們唯一的親人，感覺上，就像是從前毛澤東那一套「爹親娘親沒有毛主席親」的洗腦做法，我佇足在那裡良久，就聽著那位嚮導說著柬埔寨可悲的歷史。

雨勢稍歇後，我的小嚮導領著我去登山頭，那座山看似難爬，但是卻有捷徑，那捷徑當然只有當地人才知道，我的小嚮導一路健步如飛，而我則是在雨中小心翼翼地走著，深怕不小心會跌跤。

山頂有一座佛寺，佛寺裡的尼姑正在好眠著，我和我的小嚮導則坐在寺外的長椅上看著居高臨下的風景，柬埔寨全境平坦，只有在與泰國接壤的邊境才有一些山脈。就因為全境平坦，所以當年越南軍隊才能長驅直入；因為地形平坦，所以馬德望郊區的這座山在內戰時便成了兵家必爭之地。

「想不想去看槍砲？」我的小嚮導問我。

我當然是好奇地點頭，於是他著領我到了山的另一頭，那裡架著二門火砲，其中一門是二次大戰中德軍所使用的野戰砲，砲身上的德文說明解釋了它的出處，另一門則是俄製的野戰砲，那門砲的砲身上有俄文的測量刻度，那應該是當年的蘇維埃所軍援的火砲，那二門火砲都安置在最有利的位置上。

　　我的小嚮導順著火砲瞄準的方向告訴我，遠方的山脈叫做鱷魚山及母雞山，他笑著說，因為山形看起來像是鱷魚及母雞，所以當地的居民都以「鱷魚」、「母雞」暱稱。山名雖然可愛，但在那一段烽煙四起的年代裡，我相信這裡也曾是人間煉獄。

沒有名字的old temple

　　馬德望的郊區幾乎全是叢林與荒地，一些小村就散在那些叢林與荒地裡，而小村外就是耕作的農田，田裡的作物泰半是水稻、辣椒與鳳梨，農田以外就是一片片雜草叢生的荒地。由於連年的戰亂，據說柬埔寨境內的土地還有百分之七十是荒地，這個數字只要你到鄉間瞧瞧便會相信它是真的。

　　在鄉間是沒有柏油路的，有的就是坑坑凹凹的土路，有些地方甚至連路也沒有，我們就這樣一路顛簸到了第二個地方——old temple，old temple是旅社的小黑板上所寫的名詞，因為廟宇並沒有名字，又或者它的名字已經亡佚，當地人也不知其所以然，所以只好就叫它old temple。叫做old temple的神廟，在馬德望的郊區一共有4座，但是4座的分布都很偏僻，我到訪的那座是臨河而蓋在山頭上的，遠遠便能望到神廟的那幾座竹筍般的塔尖。

　　我的司機表示，別看它的氣勢不若吳哥窟的雄偉，它的歷史可是早於吳哥窟兩百年。這座古老的神廟在內戰中曾遭受炮火的摧殘，其中一座塔至今還能清楚地看見被炮火燻黑的塔身。

　　要登上old temple需要拾級而上，那道不遠不近的階梯在大熱天裡卻成了體力上的考驗，那個午後，幾個外國人氣喘噓噓地和

我一道爬著。

階梯的中段旁有幾尊獅子，傳說是佛陀座騎的獅子，如今也鍍上了一身的青苔，斑駁地立在階梯旁，神廟如今也少有遊人到訪了，一挺重機槍仍架在寺旁說明了這裡也曾是戰略要地，的確也是如此，因為神廟的所在剛好可以扼守陸路及水路的敵軍。

只不過，當年的砲聲隆隆，如今已經被在豔陽下一群玩得正開心的孩子們所取代了，肅殺之氣也已經被歡笑聲所壓制了。

一派的天真自然・高腳屋

我在司機的帶領下穿過了許多小村，那些村民所居住的全是高棉式的高腳屋，村中最常見的是牛車與嬉戲的孩子們，村裡也是一派的天真自然，絲毫覺不到過去曾是兵馬倥傯的荒年模樣。

「知不知道為何那些村中的孩子不對你揮手？」途中，我的司機突然問我。

「的確是這樣，為什麼呢？」猛然一想，我也正納悶著。

「那是因為他們認為你是柬埔寨人，所以才沒有跟你揮手！」

我的司機笑著說，後來路過了幾個小村，我就主動向村民揮手，那些村民與孩子見到我主動揮手，都笑得合不攏嘴。

馬上組裝竹子火車

那天的尾聲，我去搭了竹子火車（funny bamboo train），而原

來以為只是看看火車的我驚訝地發現，可以以美金3元的代價上車，其實那算是很昂貴的，因為從金邊到暹粒的巴士不過美金7元。

　　一般人在柬埔寨是不會選擇鐵道旅行的，因為戰爭已經將鐵道摧殘成了柔腸寸斷，我的司機告訴我，柬埔寨的火車時速大約不會超過50公里，舉例而言，從馬德望到金邊若走公路的話要6

從洞里薩湖搭小艇前往馬德望的早晨，圖中紅色的登山背包即是我的旅行家當。

個小時，但是如果搭火車的話，卻要17個小時，而且火車班次並非每天都有，而最令人詬病的是，火車又經常傳出翻覆的意外，當地人都對火車倒盡了胃口。所以，除非是時間充裕，又真的想嘗試鐵道旅行的樂趣，否則一般人是不會選擇火車的。

　　對於這樣的情況，我有些悻悻然，畢竟鐵道旅行是我的重點之一。我最後剩下的鐵道旅行機會因為當日沒有班次而不得不作罷，原本心想會在柬埔寨與鐵道絕緣的，可是情況卻在馬德望出現了意外。

　　所謂的funny bamboo train，是以竹條作為台車的平台，而整個台車的結構極其簡單，是由一具外加的柴油引擎加上竹子編成的平台與四個輪子組合而成，我也算是開了眼界了，因為沒想到竟然會有這種有趣的「火車」。

　　火車司機將車身組合完畢後，我們便上了車，竹子火車以有些輕快但卻以不安的節奏搖晃起來，在眼前開闊的是馬德望藍天綠野的美麗鄉間與已經扭曲的鐵道。

　　竹子火車的車行的速度算是快的，我的司機說，這樣的速度比

1. 馬德望鄉間有趣的竹子火車，竹子火車的主人正在替火車裝上引擎。
2. 裝上引擎之後，我和我的司機便上了火車。
3. 兩車相遇，對方客氣地將車子拆卸禮讓我這個外國人先行。

當地的火車快多了，司機說當地因為火車只是隔天一班而且是清早出發的，所以除了清早外鐵道上是不會出現火車的，當地人因此發明了這種竹子火車作為短程的運輸工具。

　　我就一路享受著前所未有的美妙經驗，一路就看著風景吹著清風，偶爾也與走在鐵道邊的鄉民揮手，他們也回報以甜美的微笑，中途，我們遇見了反方向的另一台竹子火車，車上的他們熟練地將竹子火車卸下讓我們通過，之後他們又再熟練地將車身組裝再發車，這一切都是有趣新奇的。

　　車行的途中了也曾通過了小橋，橋下的戲水孩童見著了我們，也是不斷地向我們揮手，我的司機說，要是黃昏時分來搭車便能見到日落的美景，竹子火車的行駛路程全長9公里，雖然路程不算是太長，但是那一路新奇的奔馳連崎嶇的鐵道都不再算是危險了。

　　竹子火車最後在它的「總站」停下，那裡的鐵道邊停靠著許多其他的竹子火車，人們在那個總站下車，然後再換搭機車到馬德望的市區去。

帕林：閃亮的鑽石與機槍

　　隔日，我又雇了我的司機請他載我到距馬德望90公里的帕林（Pailin）。

　　帕林位於泰國與柬埔寨的邊境，那裡盛產鑽石，正也是我想去那裡一探究竟的原因，司機說，因為目前的生意清淡，所以願意以15元美金的代價載我過去，只不過，去那裡的路況實在太差，那來回180公里的惡劣路程震得我的骨頭幾乎全散了，那一路的風沙也讓我和司機的臉全成了黃色。

　　帕林位處偏僻，至今仍有許多幫派及軍閥的勢力在當地橫行，由於泰國在泰柬邊境設有賭場，所以兩國的邊境成了是非之地，而柬埔寨方面常以清勦叛軍的名義在邊境開火。

　　入夜後的帕林偶爾會聽見槍聲，在帕林，也常常可以見到呼籲民眾繳械的海報。往帕林的路上也不安寧，我在沿途偶爾還見到架在山坡上的機槍，那些機槍上的砲衣還很新，這也說明了機

槍目前是經常被使用的，我也見到了廢棄的裝甲車就躺在路邊，最令人感到震撼的應該是路旁還有地雷的未爆區，我曾見過一輛推土機因為誤觸地雷而被整個震翻了。

司機先生說，以前帕林的情況更差，至今仍有許多人認為那裡是前線，因為帕林的山上蘊藏了鑽石礦產，所以，當年的軍閥便在此據地稱王收取開礦的保護費，並將礦產賣給鄰國的泰國，而今天帕林的礦產開採權仍由泰國的公司所擁有。

帕林的近郊有條小河流經，當年的採礦工人趁著黑夜到河邊清洗礦石，然後再將礦石送到工廠加工，現在的治安好些了，所以工人才敢在白天到河邊洗礦，只是那個午後我們並沒有見到在河邊洗礦的工人，司機站在河岸指著河的另一邊說：此去往北20公里便是泰國了。

我在司機的陪同下，到了一家華人開設的小店，小店裡還有幾個工人正在研磨鑽石。

「如何判斷鑽石的真假？」我問了老闆娘。

「帕林的鑽石全都從那裡挖出來的。」她指著門外遠方的山笑著說。

那一顆顆晶瑩剔透的鑽石真的很動人，老闆娘說藍鑽與紅鑽的價格最貴，其他的顏色就差很多了，而藍鑽與紅鑽又依不同的等級有不同的價格，其價差往往是好幾倍，老闆娘為我以夾子夾起了許多的鑽石，那一顆顆閃亮的小東西實在很吸引人。

老實說，帕林的鑽石真的物美價廉，因為一顆大約二克拉半的頂級藍鑽以美金120元就能買到，如果是到那裡批發鐵定划得

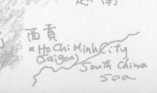

來，因此當地是產地加上柬埔寨的人工相當的便宜。只可惜，我身上沒有那麼多錢，只買了幾顆碎鑽過過癮。

那日清早，我在告別了馬德望，搭上了早晨7點的巴士返回了金邊，在金邊又待上了2天後我才真的告別了柬埔寨。

只是沒想到在機場check out的時候，竟然還有機場的海關警察向我暗示得交5元美金才能放行，我當時真是生氣了，直接了當說我身上沒有美金，然後便是一陣的僵持，那個警察見我的態度十分堅決，最後也只好放我走了。

附錄 我的旅行檔案

飛暹粒、金邊的航線

　　自從柬埔寨政府採用落地簽政策之後，許多亞洲國家便開始經營這條黃金航線，但是必須注意的是，大多數的國際航線其實是飛往暹粒而非首都金邊，目前飛暹粒的航線大抵有以下幾條：從泰國曼谷直飛、從泰國素可泰直飛、從越南胡志明市直飛、從香港直飛、從中國廣州直飛、從馬來西亞吉隆坡直飛、從新加坡直飛、從寮國永珍直飛等等。

　　從台灣飛柬埔寨的話，你可以選擇飛暹粒或是飛金邊，如果你想來一次東南亞多國的短期旅行，那麼，我建議您購買亞洲航空（Air Asia）的套票，上網看看價錢，有時候你會撈到便宜。

　　我們在旅途中遇見了一些西方旅人，他們都喜歡買這種套票，如果你的預算不夠的話，那麼可以考慮陸路的旅行方式，就像是我們一樣的旅行，不過，以這一種方式旅行的時間要比較充裕才行。

柬埔寨境內交通

　　在柬埔寨境內旅行則可考慮水路，從金邊往暹粒有水路溝通，但搭乘船艇的價錢比巴士貴上很多，4～6小時的船價大約在

23～25塊錢美金,搭乘水路的優點是可以盡覽柬埔寨的水上人家生活。

從金邊出發的船,會在暹粒附近的洞里薩湖泊岸,所以你會看見東南亞第一大湖的形形色色,如此你在暹粒時也無須多花時間去看洞里薩湖了,個人覺得走水路的話,從暹粒到馬德望那段最為迷人,也最為有趣。

如果走陸路的話,可以選擇搭乘巴士,通常從金邊開往暹粒的巴士大多在金邊的湄公河畔發車,金邊市便有很多公司經營此條路線,你也可以託住宿的guest house或是旅店幫你訂票,不過價錢會貴上1～2塊錢美金。

二〇〇三年,我從金邊往暹粒時,那條路依然坑坑凹凹,不過二〇〇五年時,我發現路況已經改善很多。除非你不是急著趕時間,否則不建議從金邊搭飛機飛暹粒。

衛生與疾病資訊

關於衛生及疾病方面,柬埔寨大體而言是安全的,不過,多數的西方旅人仍會攜帶抗瘧疾的藥物,畢竟柬埔寨是熱帶國家,有些地區的蟲蚊肆虐讓人不堪其擾。在柬埔寨,避免被蚊蟲叮咬的方法,不外乎隨身攜帶防蚊液、在清晨與傍晚的時候最好穿長袖襯衫、儘量避免入夜後在郊區野外逗留。

關於飲水方面,必須注意的是柬埔寨人並沒有將水煮沸飲用的習慣,所以,在當地旅行的時候,建議買瓶裝的飲用水,在柬埔寨最好也儘量避免生食或吃太多的冰。尤其是許多當地的昆

蟲小吃，建議最好不要輕易嘗試，除非你有自信自己的胃能夠承受，柬埔寨的醫療體系仍然落後，若是不小心患病是一件棘手的事情。

由於柬埔寨的陽光炙烈，建議隨身攜帶防曬乳液，出門也必須戴帽子防曬，否則極容易曬傷。

時時注意安全問題

在安全方面，必須要時時小心，個人雖然沒有遇過任何麻煩，但是曾經聽許多旅者講述一些不愉快的事情，金邊的治安尤其必須小心注意，因為近年來柬埔寨的失業率攀升，搶劫外國人的事情時有所聞。

在金邊或暹粒或任何一個城市，入夜後，最好避免獨自出門，即使出門也要避免走沒有路燈的小路，穿著打扮要儘量簡單，多數的日本人或大陸人喜歡穿得光鮮亮麗旅行，這是旅行的大忌。

不要觸犯當地的風俗習慣

在風俗習慣方面，柬埔寨是小乘佛教國家，在某些場合必須避免穿得太過涼快，而與泰國、寮國一樣的是在柬埔寨進入寺廟前必須脫鞋，在柬埔寨你可能會看見許多喜歡與你交談的和尚，他們多半喜歡與外國人練習自己的英文，不過要注意的是，女性要避免接觸和尚的身體。

在參觀任何寺廟時必須保持安靜，並要注意切勿碰觸神像的頭部，因為神像的頭部是最為神聖的地方；同樣地，你也不能碰觸當地小孩子的頭部，因為這對當地人來說，是大不敬的舉動。

電話通訊算是進步

拜今日網路科技發達之賜，柬埔寨在電話通訊方面算是進步的，旅人通常都會選擇使用網路電話，因為價錢較為便宜，不過，網路電話往往會有延遲的現象，在暹粒的街邊不難找到網咖與網路電話的服務，但是，在金邊，那些店則集中於湄公河畔。

柬埔寨的電壓為220伏特，你若是攜帶數位相機需要充電的話，必須自備變壓器。

柬埔寨的氣候

柬埔寨的雨季是5～11月，而乾季介於12～4月，這兩個季節我都經歷過，感覺氣溫其實差異不大，主要是雨季時候的午後陣雨比較惱人，若是你在雨季拜訪柬埔寨要記得攜帶雨具。

本書攝影資料

使用相機：Contax 167 MT, Contax S2

使用鏡頭：Contax Carl Zeiss Distagon 28mm f.2.8

Contax Carl Zeiss Planar 50mm f.1.4

Contax Carl Zeiss Sonnar 135mm f.2.8

使用底片：正片部分—(Colour Slides)

Kodak Kodakchrome 64

Kodak EPR 64

Kodak Ektachrome E100 VS

Kodak Elite Chrome 100

Agfa Agfachrome 50

負片部分—(Black and White Negatives)

Agfa APX 100

藝術館

佩姬‧古根漢	佩姬‧古根漢	220
你不可不知道的300幅名畫及其畫家與畫派	高談文化編輯部	450
面對面與藝術發生關係	藝術世界編輯部	320
梵谷檔案	肯‧威基	300
你不可不知道的100位中國畫家及其作品	張桐瑀	480
郵票中的祕密花園	王華南	360
對角藝術	文：董啟章　圖：利志達	160
少女杜拉的故事	佛洛伊德	320
你不可不知道的100位西洋畫家及其創作	高談文化編輯部	450
從郵票中看中歐的景觀與建築	王華南	360
我的第一堂繪畫課	文/烏蘇拉‧巴格拿 圖/布萊恩‧巴格拿	280
看懂歐洲藝術的神話故事	王觀泉	360
世界頂尖舞團	歐建平	460
米開朗基羅之山——天才雕刻家與超完美大理石	艾瑞克‧西格里安諾	450
圖解西洋史	胡燕欣	420
歐洲的建築設計與藝術風格	許麗雯暨藝術企畫小組	380
城記	王軍	500
超簡單！幸福壓克力彩繪	程子潔暨高談策畫小組	280
西洋藝術中的性美學	姚宏翔、蔡強、王群	360
女人。畫家的繆斯或魔咒	許汝紘	360
用不同的觀點，和你一起欣賞世界名畫	許汝紘	320
300種愛情——西洋經典情畫與愛情故事	許麗雯暨藝術企劃小組	450

更多最新的高談文化、序曲文化、華滋出版新書與活動訊息請上網查詢
www.cultuspeak.com.tw 網站
www.wretch.cc/blog/cultuspeak 部落格

電影100名人堂	邱華棟、楊少波	400
比亞茲萊的插畫世界	許麗雯	320
西洋藝術便利貼—— 你不可不知道的藝術家故事與藝術小辭典	許麗雯	320
從古典到後現代：桂冠建築師與世界經典建築	夏紓	380
書‧裝幀	南伸坊	350
宮殿魅影——埋藏在華麗宮殿裡的美麗與哀愁	王波	380
百花齊放： 33位最具影響力的現代藝術家及其作品	魏尚河	370
圖解藝術史	白瑩	450
世博與建築	鄭時齡、陳易	350
世博與郵票	王華南	320
音樂館		
尼貝龍根的指環	蕭伯納	220
卡拉絲	史戴流士‧加拉塔波羅斯	1200
洛伊-韋伯傳	麥可‧柯凡尼	280
你不可不知道的音樂大師及其名作 I	高談文化編輯部	200
你不可不知道的音樂大師及其名作II	高談文化編輯部	280
你不可不知道的音樂大師及其名作III	高談文化編輯部	220
剛左搖滾	吉姆‧迪洛葛迪斯	450
你不可不知道的100首交響曲與交響詩	高談文化編輯部	380
杜蘭朵的蛻變	羅基敏、梅樂亙	450
你不可不知道的100首鋼琴曲與器樂曲	高談文化編輯部	360
你不可不知道的100首協奏曲及其故事	華滋文化編輯部	350

經典100——莫札特	華滋文化編輯部	380
聽音樂家在郵票裡說故事	王華南	320
古典音樂便利貼（全新修訂版）	許麗雯	320
「多美啊！今晚的公主！」——理查・史特勞斯的《莎樂美》	羅基敏、梅樂瓦編著	450
致命的愛情	毛昭綱	300
華格納・《指環》・拜魯特	羅基敏、梅樂瓦著	350
你不可不知道的100首經典歌劇	高談文化編輯部	380
你不可不知道的100部經典名曲	高談文化編輯部	380
你不能不愛上長笛音樂	高談音樂企畫撰稿小組	300
魔鬼的顫音——舒曼的一生	彼得・奧斯華	360
如果，不是舒曼——十九世紀最偉大的女鋼琴家克拉拉・舒曼	南西・瑞區	300
永遠的歌劇皇后：卡拉絲		399
你不可不知道的貝多芬100首經典創作及其故事	高談文化音樂企劃小組	380
你不可不知道的蕭邦100首經典創作及其故事	高談文化音樂企劃小組	320
小古典音樂計畫II：浪漫(下)、國民樂派篇	許麗雯	300
小古典音樂計畫III：現代樂派	許麗雯	300
打開「阿帕拉契」之夜的時光膠囊——是誰讓瑪莎・葛萊姆的舞鞋踩踏著柯普蘭的神祕音符？	黃均人	300
蕭邦在巴黎	泰德・蕭爾茲	480
電影夾心爵士派	陳榮彬	250
音樂與文學的對談——小澤征爾vs大江健三郎	小澤征爾、大江健三郎	280
愛上經典名曲101	許汝紘暨音樂企劃小組	380

更多最新的高談文化、序曲文化、華滋出版新書與活動訊息請上網查詢
www.cultuspeak.com.tw 網站
www.wretch.cc/blog/cultuspeak 部落格

圖解音樂史	許汝紘暨音樂企劃小組	350
藝術歌曲之王——舒伯特傳	卡爾‧柯巴爾德	350
旖旎‧悲愴的華麗樂章——柴可夫斯基傳	克勞斯‧曼	350
圖解音樂大師（上）	許汝紘暨音樂企劃小組	350
圖解音樂大師（下）	許汝紘暨音樂企劃小組	350

時尚設計館

你不可不知道的101個世界名牌	深井晃子主編	420
你不可不知道的經典名鞋及其設計師	琳達‧歐姬芙	360
我要去英國shopping——英倫時尚小帖	許芷維	280
螺絲起子與高跟鞋	卡蜜拉‧莫頓	300
決戰時裝伸展台	伊茉琴‧愛德華‧瓊斯及一群匿名者	280
床單下的秘密——奢華五星級飯店的醜聞與謊言	伊茉琴‧愛德華‧瓊斯	300
金屬編織——未來系魅力精工飾品DIY	愛蓮‧費雪	320
妳也可以成為美鞋改造達人—— 40款女鞋大變身， 11位美國時尚設計師聯手出擊實錄	喬‧派克漢、莎拉‧托利佛	320
潘朵拉的魔幻香水	香娜	450
時尚經濟	妮可拉‧懷特、伊恩‧葛里菲斯	420
鐵路的迷你世界——鐵路模型	王華南	300
名畫中的時尚元素	許汝紘	300
美麗の創意革命—— 輕鬆招來好運氣的改運美容術	李國政、李麗娟	250
日本文具設計大揭密	「シリーズ知‧‧遊‧具」編集部 編	320

東富、西貴、南賤、北貧—— 你抓不住的北京天際線	邱竟竟	300

人文思潮館

文人的飲食生活（上）	嵐山光三郎	250
文人的飲食生活（下）	嵐山光三郎	240
愛上英格蘭	蘇珊・艾倫・透斯	220
千萬別來上海	張路亞	260
東京・豐饒之海・奧多摩	董啟章	250
體育時期(上學期)	董啟章	280
體育時期(下學期)	董啟章	240
十個人的北京城	田茜、張學軍	280
城記	王軍	500
流離	黃宜君	200
千萬別去埃及	邱竟竟	300
柬埔寨：微笑盛開的國度	李昱宏	350
冬季的法國小鎮不寂寞	邱竟竟	320
泰國、寮國：質樸瑰麗的萬象之邦	李昱宏	260
不是朋友，就是食物	殳俏	280
帶我去巴黎	邊芹	350
親愛的，我們婚游去	曉瑋	350
騷客・狂客・泡湯客	嵐山光三郎	380

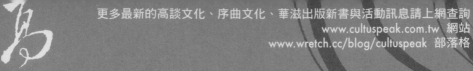

更多最新的高談文化、序曲文化、華滋出版新書與活動訊息請上網查詢
www.cultuspeak.com.tw 網站
www.wretch.cc/blog/cultuspeak 部落格

左手數學.右手詩	蔡天新	420
天生愛流浪	稅曉潔	350
折翼の蝶	馬汀・弗利茲、小林世子	280
不必說抱歉——圖書館的祕境	瀨尾麻衣子	240
改變的秘密：以三個60天的週期和自己親密對話	鮑昕昀	300
橋藝主打技巧	威廉・魯特	420
新時代思維的偉大搖籃—— 百年北大的遞嬗與風華	龐洵	260
一場中西合璧的美麗邂逅—— 百年清華的理性與浪漫	龐洵	250
夢想旅行的計畫書	克里斯・李 Chris Li	280
消失的神祕王朝	文裁縫	320
人生的光明面	許汝紘暨編輯小組	280
成功者的關鍵智慧	許汝紘暨編輯小組	280
圖解天工開物	許汝紘	320

古典智慧館

愛說台語五千年——台語聲韻之美	王華南	320
講台語過好節——台灣古早節慶與傳統美食	王華南	320
教你看懂史記故事及其成語(上)	高談文化編輯部	260
教你看懂史記故事及其成語(下)	高談文化編輯部	260
教你看懂關漢卿雜劇	高談文化編輯部	220
教你看懂夢溪筆談	高談文化編輯部	220